昆明都市驱动型乡村振兴实验研究
系列丛书/丛书主编　李小云

康旅石桥

——能人牵引式的乡村振兴之路

王妍蕾　李小云 等　著

中国农业出版社
北　京

图书在版编目（CIP）数据

康旅石桥：能人牵引式的乡村振兴之路 / 王妍蕾等著．—北京：中国农业出版社，2023.10

（昆明都市驱动型乡村振兴实验研究系列丛书）

ISBN 978-7-109-31551-8

Ⅰ．①康… Ⅱ．①王… Ⅲ．①农村—社会主义建设—研究—昆明 Ⅳ．①F327.741

中国国家版本馆 CIP 数据核字（2023）第 240266 号

康旅石桥：能人牵引式的乡村振兴之路

KANGLÜ SHIQIAO：NENGREN QIANYINSHI DE XIANGCUN ZHENXING ZHILU

中国农业出版社出版

地址：北京市朝阳区麦子店街 18 号楼

邮编：100125

责任编辑：郑　君　　文字编辑：张斗艳

版式设计：王　晨　　责任校对：吴丽婷

印刷：北京中兴印刷有限公司

版次：2023 年 10 月第 1 版

印次：2023 年 10 月北京第 1 次印刷

发行：新华书店北京发行所

开本：700mm×1000mm　1/16

印张：14.25

字数：219 千字

定价：68.00 元

昆明都市驱动型乡村振兴
实验研究系列丛书

主　　编：李小云

副 主 编：毕　强　赵鸭桥

参编人员：齐顾波　唐丽霞　陆继霞　董　强
王妍蕾　宋海燕　廖　兰　徐　进
刘正海　曾　艳　刘光耀　鲍丽红

本书著者：王妍蕾　李小云　唐丽霞　刘启明
陈博洋　赵馨宇　安若水　刘浩然
陈　枫　冯瑞英　刘雅慧　赵健君

著者单位：中国农业大学

总序

都市动能的转化——乡村振兴战略实现路径的探索

乡村振兴战略是在快速的城市化和工业化条件下导致城乡差异不断扩大、乡村出现衰落的情况下提出的发展战略，这一战略不仅仅是乡村发展的战略，也是城乡协调发展促进城乡融合、推动高质量发展的国家战略。由于社会经济发展的不平衡、地理区位条件的差异，我国乡村也出现了分化，大致能够分成三种类型，一是与都市的经济社会文化联系紧密的乡村地区，如城市的郊区特别是大中型城市的郊区；二是受都市影响相对较弱的以农业为主的地区；三是经济社会发展相对落后的乡村地区。从过去几十年的社会转型过程看，受都市圈影响大的乡村地区呈现出的转型问题往往更为明显和剧烈，靠近都市的区位是一把双刃剑，一方面，乡村的人力、土地和资源等发展要素更容易被吸引流动到都市，更容易出现“城中村”和“空心村”；另一方面，城市的消费、市场、管理、资本等发展要素也更容易流入到乡村，从而将城市动能转化为乡村发展动能，更容易实现一二三产业的融合，培育新业态，出现“旅游特色村”和“网红村”等。实践中，拥有临近都市区位的乡村也并没有全部都走上振兴的道路，这也就意味着城市动能转变为乡村发展动能还需要内在机制的诱发，这一机制是什么？这也就是我和我的团队在昆明开展都市驱动型乡村振兴创新实验所要回答的核心问题。

2019 年，中国农业大学和昆明市签订了战略合作协议开始进行乡村振兴创新实验，探索乡村振兴战略实现路径。我们就和昆明的同志一起讨论，这个乡村振兴创新实验应该做什么？解决什么问题？我和团队在云南省西双版纳勐腊县河边村的深度贫困综合实验的实践探索虽然取得了显著的成效，一个远离都市的贫困的瑶族小山村已经发展成了一个以高端会议经济、游学经济和度假经济为核心的明星村，但昆明的乡村和河边村显然不同。考虑到昆明作为云南省的省会，又是一个旅游文化名城，虽然其经济与国内其他一线城市相比还有一定的差距，但是已经具备了区域中心城市的基本特点，因此，我们提出了"都市驱动型乡村振兴"的概念，在昆明实验如何将都市动能有效转化为乡村振兴的发展动能，重构城乡之间的要素互动关系。

都市驱动型的乡村振兴实验对于村庄的选择还是有一定条件和要求的，于是就以昆明主城区为半径，车程在一个半小时左右为原则，在昆明市的呈贡区、安宁市、富民县、晋宁区、石林县和宜良县各选了一个村，开始了为期三年的都市驱动型乡村振兴的创新实验，实验工作按照中央乡村振兴战略的框架设计，具体到如何能把乡村的利益更多地留在乡村，闲置资产如何盘活，如何培养乡村人才，生态价值化，传统文化保护，村事管理，涉农资金使用等八个方面，即八大机制：第一，产业增值收益留村哺农机制。始终坚持把农民更多分享增值收益作为产业兴旺的基本出发点，培育乡村新产业新业态，打造农村产业融合发展新载体新模式，着力增强农民参与融合能力，推动要素跨界配置和产业有机融合，让农村一二三产业在融合发展中同步升级、同步增值、同步受益。注重小农户和现代农业利益衔接，探索农业保粮农民增收机制。创新收益分享模式，健全联农带农有效激励机制，努力实现产业融合发展的增值收益留在乡村、惠及农民。第二，乡村生态资源价值实现机制。顺应城乡居民消费拓展升级趋势，结合各地资源禀赋，进一步盘活乡村森林、草原、湿地等生态资源，打造全域有机生态乡村。深入发掘农业农村的生态涵养、休闲观光、文化体验、健康养老等多种功能和多重价值，探索政府主导、村民主体、社会参与、市场运作的生态产品价值实现路径。遵循市场规律，推动乡村资源全域化整合、多元化增值，增强地方特色产品时代感和竞争力，形成新的消费热点，增加乡村生态产品和服务供给。第三，乡村特色文化传承保护机制。因村制宜传承保护农耕文化、传统文化、民族文化、红色文化等乡土特色文化，划定乡村建设的历史文化保护线，保护好文物古迹、传统村落、民族村寨、传统建筑、农业遗迹遗产等，大力发展乡村旅游、美丽经济实施农村非物质文化遗产传承发展工程，做好乡村经济社会变迁物证征藏，鼓励乡村修史编志。第四，村政服务体系和乡村善治机制。借鉴市政服务理念，探索建立乡村公共服务综合体，构建专业化、社会化的村政服务体系，让村民生活便利舒服并且成本较低。在现有基础上，推进乡村公共服务提档升级、阔域增项、提标扩面，创新乡村基础设施和公共服务设施决策、投入、建设、运行管护机制，提高公共服务水平，改善公共服务质量，填补空白和短板，实现农村基本公共服务从有到好、从好奔优。第五，闲置宅基地和农房处置盘活机制。坚持“土地公有制性质不改变、耕地红线不突破、农民利益不受损”的底线，积极探索宅基地“三权分置”，落实宅基地集体所有权，保障宅基地农户资格权和农民房屋财产权，适度放活宅基地和农民房屋使用权，推动宅基地和农房通过转让、互换、赠予、继承、出租、入股、有偿退出、集体收购等方式规范流转，积极利用闲置农房发展乡村旅游、民宿，开展农民住房财产权抵押等方式盘活农村房地资源。第六，新农人、新村民培育机制。以回乡创业创新为联结，以大学生、进城务工人员、种养大户等群体为重点，培养心怀农业、情系农村、视野宽阔、理念先进的“新农人”。以乡情乡愁为纽带，多措并举促进市民下乡、能人回乡和企业兴乡，培育乡村振兴“新村民”。深入开展新型职业农民培育，选派乡村振兴指导员、乡村振兴驻村工作队，引进、培养具有国际视野的农业科技人才、富有工匠精神的农业技能人才和引领服务群众的农村实干人才，推动各类人才走向乡村、服务“三农”。第七，涉农资金统筹整合机制。建立涉农资金统筹整合长效机制，探索资金统筹集中使用、集中财力办大事的方式方法，形成多渠道引水、一个龙头放水的整合模式。加强涉农资金分配使用与任务清单的衔接匹配，确保资金投入与任务相统一。根据村庄建设规划，在实验村点探索各类涉农资金统一规划布局、统一资金拨付、统一组织实施、统一考核验收，以规划引领到村涉农资金统筹使用和集中投入。第八，发挥农民主体作用的组织动员机制。大力提升农村基层党组织组织力，强化制度建设、政策激励、教育引导，把发动群众、组织群众、服务群众贯穿实验区建设全过程，不断激发和调动农民群众积极性主动性。发挥政府投资的带动作用，通过民办公助、筹资筹劳、以奖代补、以工代赈等形式，引导和支持村集体和农民自主组织实施或参与直接受益的村庄基础设施建设和农村人居环境整治。出台村庄建设项目简易审批办法，规范和缩小招投标适用范围，让农民更多参与并从中获益。

经过近两年的探索与实践，昆明都市驱动型乡村振兴已经初见成效，打造出了万溪梨镇、福安六坊、雁塔花巷、七彩梦乡、康旅石桥、彝青人家等特色乡村振兴品牌，闲置宅基地的盘活利用、乡村CEO的引进培育、以工代赈的村庄建设、传统村落的保护和传承、村庄集体经济的培育和壮大等一系列的政策实验都在六个村庄产生了明显的效果。作为实践者和研究者，除了进行这些实践的探索，我和团队更重要的使命是以乡村振兴实验为路径，开展相应的政策总结和乡村发展研究。因此，在推进各项实践框架的同时，我们设计了昆明都市驱动型乡村振兴实验系列研究，该系列研究既包括对当前昆明市现有的乡村振兴实践和乡村发展改革的总结，包括对六个实验村的实验经验的探索和总结，将实验行动和学术研究有效的融合，一直是中国农业大学的特色和亮点，也一直是我和我的团队秉持的研究路径和方法。我希望这一系列研究成果的出版能够为乡村振兴战略的全面推进起到一些作用。

是为序！

李小云

2021年9月10日

前言

2019年8月，中国农业大学和昆明市签订了开展都市驱动型乡村振兴创新实验的合作框架协议。经过中国农业大学专家团队和当地政府的多次考察协商，富民县永定街道南营村委会石桥村民小组被确定为昆明市六个都市驱动型乡村振兴创新实验区之一。

石桥村区位条件优越，交通便利，紧邻昆禄公路，东邻火梨板工业园区、南邻哨箐工业园区、西靠九峰山旅游开发区、北邻北营工业园区，距富民县主城区7公里，距昆明市区仅40分钟车程，区位优势明显。村内坐拥温泉地热、九峰山西华禅寺等得天独厚的自然和人文资源，风景优美秀丽，文化底蕴深厚。除了地理区位优势和资源优势外，石桥村在村庄治理方面也有一定的基础，根据地方政府介绍，以往在石桥村的项目中，村干部和村民的配合度都比较高，有利于项目的实施。富民南营村的前村主任徐建昌是一位名副其实的村庄能人，也是石桥村人，在村民中的威信很高，头脑灵活，有想法，很会通过“算账”的方式让村民更了解村庄决策与村民之间的关系和利益联结。

在六个实验区中，石桥村最大的特点是拥有一家由本村能人牵头建立、村民集资入股、经营状况良好的股份制乡镇企业——富民南西桥旅游文化开发有限公司（以下简称“南西桥公司”），通过企业联农带农，实现了“资源变资产，村民变股民”，为乡村产业兴旺作出了巨大贡献。实际上，石桥村依靠村庄能人带动，采用村集体股份制经营的方式，已经先后建立了石桥村级农贸市场股份合作社、富民九峰草莓产销专业合作社、南西桥公司等多个合作社和企业，企业的利益和村集体、村民紧紧联结在一起，集体经济蓬勃发展。“产业兴旺”是乡村振兴20字总要求的第一句话，也是实现乡村振兴的经济基础和前提，选取石桥村作为实验区，对石桥村的产业增值收益留村哺农机制进行研究，无论在学术上还是在现实中都对乡村振兴工作具有重要启发意义。

确定选取石桥村为实验区以后，项目团队首先对石桥村68户村民开展了基线调研，深入了解村内各户家庭人口信息、家庭收支情况、农业产业链、“三地”使用和流转情况、村庄治理情况，分析村内基础条件，收集相关数据，以便对村庄进行明确的定位，进行实验设计和规划。最终，综合考虑到石桥村丰富的自然、人文旅游资源和前期的发展基础，项目团队将石桥村的实验定位为“康旅石桥”。所谓“康旅石桥”，是指“康养＋农旅”，即将石桥村内的九峰山西华禅寺、九峰书院、特色温泉项目和佛教文化（如参禅、礼佛、沐浴）等相结合，主打“康养”名片，同时充分利用七彩花海、草莓基地、共享农场等其他资源，体现“农旅”色彩，发展乡村旅游，实现乡村振兴。

项目实验主要分为三个阶段展开：

第一阶段是石桥村创新实验调研与设计阶段（2019年10月—2020年5月）。自2019年10月以来，中国农业大学李小云教授团队与昆明市农业农村局领导、富民县委县政府及相关分管领导、永定街道党工委、办事处工作人员多次到村实地调研，通过召开各级政府以及相关政府部门讨论会，组织南营村村委会干部、石桥村民小组干部会议，以及入户调查等活动，初步形成了石桥村创新实验的工作思路。2020 年 5 月 20 日，富民县实施乡村振兴战略工作领导小组印发《永定街道石桥村都市驱动型乡村振兴创新实验区建设实施方案》的通知，这标志着石桥村创新实验正式完成了调研与设计工作。

第二阶段是石桥村创新实验全面建设阶段（2020 年 6 月—2021 年11 月）。2020 年 5 月，富民县成立昆明市都市驱动型乡村振兴创新实验区永定街道石桥村建设领导小组，选派市、县及街道级骨干力量组成驻村工作队指导石桥村开展实验工作，永定街道党工委、办事处也成立了昆明市都市驱动型乡村振兴创新实验区永定街道石桥村建设领导小组，中国农业大学李小云教授团队则建立了“专家工作站”，专门安排王妍蕾副教授指导并支持石桥村创新实验工作。在这一阶段，按照石桥村创新实验实施方案，进行了组织部署，出台了配套政策，组织发动村民与相关方共同完成实验活动，围绕六大机制开展石桥村多方面的村庄建设运动：在农业产业方面，重点打造以种植李子和草莓等为主的特色林果采摘基地、七彩花海等；在文旅产业方面，重点建设九峰书院高端民宿，改造农户民宿，打造“禅意庭院”，建设景观大道，完成了旅游步道建设、村内沥青道路铺设等；在人才培育方面，重点打造能够培育和留住村庄本土能人的平台，同时积极引进外部人才，内外合力推动乡村振兴；在人居环境方面，开展污水管网改造、农户庭院改造、房屋外立面改造、村庄环境绿化美化、全村定期环境维护等；在乡村文化建设方面，编撰石桥村志，推进石桥历史故事的挖掘和宣传；在乡村治理方面，建设党建长廊，以“3＋8”创新工作模式为重点，修订村规民约，开展小型项目招标。

第三阶段是石桥村创新实验全面提升康养农旅产业服务市场价值阶段（2021 年 12 月至今）。2021 年 12 月，石桥村特色四合院民宿九峰书院投入使用，村内人居环境得到了明显改善，形成了有特色的墙绘，石桥村村内成了康养农旅产业的延伸空间。石桥村康养农旅产业开始与村庄空间进行有机融合，村中有业，业中有村，极大地拓宽了村民参与到产业发展中的可及性，为石桥村全体村民的共富创造了有利条件。

2019年以来，实验区项目基于实验目标将石桥村的涉农项目资金和信贷资金进行有效整合统筹，保障了实验高效推进；在原有的康养休闲旅游产业的业态基础上，形成了以村庄为基础的传统民居、民宿、民俗农家乐等产业新业态，开发了盐矿地热温泉，拓展了产业的业态布局；通过村集体入股南西桥公司，以及农房改造为民宿，形成了村集体、村民与经营企业之间的利益联结机制，为村集体壮大和村民致富提供了支撑；在政府引导和村民自治的协力下，动员村民参与乡村治理的机制初步形成；乡村能人带动集聚起产业发展的人才团队；盘活闲置集体用地和农房，为产业发展提供了更多的建设空间，石桥村初步形成了乡村内生动力、都市驱动力、城乡互动力“三力融合”的乡村振兴模式，探索出了乡村振兴的“石桥模式”，为存在类似情况和发展困境的村落提供了一套“石桥方案”。

石桥村都市驱动型乡村振兴创新实验得到了各级领导和媒体的高度关注，审计署驻昆明特派员、云南省审计厅厅长谢健，省人大常委会原副主任纳杰，省人大常委会原副秘书长蒙冬梅，省人大农业与农村委员会原副主任委员穆永新，以及昆明市、富民县各级领导多次到石桥村考察指导，新华网、凤凰网、澎湃新闻、东方城乡报、云南日报、云南网、云南电视台、昆明日报、昆明广播电视台等媒体都对石桥村都市驱动型实验区项目进行了深入专题报道。

目前，石桥村项目进展顺利，各项工作任务稳步推进，已经完成了特色四合院民宿主体建设，完成了村内环境卫生整治、美化绿化、七彩花海景观、照片墙安装等建设内容，组织领导机制和村民自治机制逐步建立完善，后续建设有序推进。2021 年 4 月 26 日，云南省文化和旅游厅发布公示，石桥村正式被评为云南省省级旅游名村，“康旅石桥”战略定位再上一层，石桥乡村振兴未来可期。

本书较为全面、深入地展示了康旅石桥的建设过程，对石桥村开展的都市驱动型乡村振兴创新实验六大机制的实现路径进行了系统阐述，从而展示乡村振兴过程中的行动和努力、进展和思考。全书分为两部分，共十章。第一部分包含第一至二章，简要介绍了石桥村的村庄概况和发展困境，其中，第一章主要介绍了石桥村的区位、气候、产业、村容村貌、治理情况、文化底蕴等情况，并回顾了石桥村建立以来的历史，由赵馨宇、安若水、王妍蕾主要撰写；第二章对石桥村近年来乡村建设过程中的三件大事进行了梳理，由赵馨宇、王妍蕾主要撰写。第二部分包含第三至十章，对百年来乡村建设和乡村振兴思想进行了历史追溯，探讨了石桥村乡村振兴战略六大机制，并介绍了石桥村三年来开展的乡村振兴实验，其中，第三章主要对乡村振兴思想的历史逻辑进行了梳理，同时面向“十四五”，展望了乡村振兴的新内涵、新路径，由陈博洋、王妍蕾主要撰写；第四章对石桥村在实验过程中探索形成的乡村振兴战略机制进行概括介绍，由陈博洋、王妍蕾主要撰写；第五章主要介绍石桥村如何通过村集体股份制经营、能人带动和项目资源倾斜建立起产业增值收益留村的利益联结机制，实现企业带农富农，由陈枫、唐丽霞主要撰写；第六章主要介绍石桥村如何解决乡村人才振兴问题，如何培育、吸引新农人、新村民，由冯瑞英、唐丽霞主要撰写；第七章主要介绍如何处置盘活农村闲置土地资源，唤醒沉睡资产，发挥土地增值效益，由刘浩然、唐丽霞主要撰写；第八章主要介绍石桥村如何通过村规民约等抓手探索村政服务和乡村善治的独特机制，实现乡村治理和谐有序，由刘雅慧、刘启明主要撰写；第九章主要介绍石桥村以特色传统文化为核心、以石桥历史文化为底色、以党建红色文化为引领、以南西桥公司为依托的乡村特色文化传承保护机制，由陈博洋、王妍蕾主要撰写；第十章主要介绍石桥村开展的宜居乡村建设活动和如何充分利用水果、温泉地热等丰富的自然资源实现乡村生态资源价值实现，完成从“绿水青山”到“金山银山”的“两山转化”，由赵健君、刘启明主要撰写。结语整体性回顾了石桥创新实验工作，并对石桥村未来发展进行展望。全书最后由王妍蕾和李小云统稿。

石桥村的实践和此书的写作得到了昆明市委市政府、昆明市委农办、昆明市农业农村局、富民县委县政府、富民县农业农村局、永定街道、驻村工作队、南营村村委会以及石桥村民小组的相关人员的大力支持，尤其是石桥村的村干部和村民在实验过程中的参与和投入使得石桥村在短短的几年内有了根本性的转变。在此对关心和参与到富民石桥村乡村振兴创新实验进程中的机构和个人表示衷心的感谢。此书的调研和出版得到了昆明市农业农村局“昆明都市驱动型乡村振兴创新实验区建设的探索与实践研究项目”、云南省省院省校教育合作项目“乡村振兴背景下推动云南边疆民族地区田园综合体建设模式比较研究”（项目编号为 SYSX202014）、云南省委组织部和云南省人力资源和社会保障厅基层科研工作站以及中国农业大学 2115 人才工程的支持。

石桥村的乡村振兴实验仍未止步，本书的写作亦难免存在一些疏漏之处，还请广大读者批评指正。

作　者

2023 年 2 月 14 日

目 录

第一部分

石桥发展与变迁

第一章

石桥村村情介绍

西南有景致，富民有石桥。石桥村，地处昆明西北，依山傍水，气候宜人，全村共 68 户 271 人。这是一个风景秀丽的田园小村，青山依依，河水潺潺，炊烟袅袅，鲜花点点，石桥静伫，桥上青石斑斑，桥边古树葱葱，三步是粉色，五步又是紫，目之所及，五彩斑斓。春摘樱桃，夏尝杨梅，秋品红李，冬采草莓，一年四季，果香萦绕。这是一个底蕴深厚的文化小村，九峰毓秀，青砖红柱间的西华禅寺仿佛诉说着千年前的辉煌，岁月与文化的印记镌刻在庙宇中，流连在山水间，吟咏在诗歌中。这还是一个放松身心的温泉小村，走进石桥，它带给你的不只是新鲜的空气、湛蓝的天空，更多的是对心灵的涤荡、精神的抚慰。近年来，石桥村通过智慧党建促引领，村庄能人来带动，股份合作相助力，先后获得多项荣誉，在深厚的文化积淀中谱写新的篇章。聆听古老的故事，感慨百年历史更迭，见证多年沧桑巨变，让我们一起从石桥本色出发，认识石桥，走进石桥，深入石桥，感受石桥……

第一节　石桥概况

一、区位与交通

石桥村占地约 0.19 平方公里，位于云南省昆明市富民县，是隶属于永定街道南营村委会的一个村民小组，距离富民县主城区 7 公里，距昆明市区 40 分钟车程，紧邻昆禄公路，位于昆武高速富民匝道与罗免匝道中段，东邻火梨板工业园区、南邻哨箐工业园区、西靠九峰山旅游开发区、北邻北营工业园区，交通便利，享有得天独厚的区位优势。

得益于良好的区位与交通条件，石桥村发展基础良好，全村房屋基本是砖混结构的 3～4 层楼房，居住面积比较大，全部实现“五通”（通路、通电、通水、通电视、通电话网络）。经过几年连续不断的改造和扩建，进村道路及村内主干道均为水泥硬化路面，村内建有公厕 5 个，垃圾房 7 个，污水管网覆盖率为 80%，管网铺设 1 600 米，沉砂池 45 座，处理池等污水处理系统 2 套，生活排水沟渠设施完善。迄今为止，村里每家每户都安装了水冲式厕所，旱厕正式成为“过去式”，人居环境卫生条件良好。

二、人口与产业

石桥村共 68 户，271 人，其中党员 11 人，男性党员 9 人，女性党员 2 人。村组管理人员共 7 名，书记、村民小组组长和副组长各 1 名，此外还有 4 名村民代表，村民小组内部组织管理架构清晰，干群关系和谐，村民对村干部的工作和村规民约的认可度较高。村民收入来源以种植玫瑰花、玉米、核桃等农作物，房屋出租和外出务工为主，其中外出务工以本地务工为主，2021 年全村农民人均可支配收入 20 424 元。

石桥村有耕地 201 亩，其中人均耕地 0.74 亩，主要种植草莓、玫瑰花、玉米、豌豆等，林地 484 亩，宅基地（包括全村每户住房庭院）90 亩，此外还有集体用地 50 亩，其中农贸市场 8.3 亩、活动中心 4.5 亩、小游园 5.6 亩、花果山基地 31 亩，村集体土地全部流转给酿酒厂、菌类培育厂、零件组装厂和南西桥公司。2013 年，在以徐建昌为代表的一批村庄能人积极带动下，石桥村通过鼓励“村民入股分红”的方式筹资建立了农贸市场。2014 年，石桥村村民又通过“土地入股”和“土地流转”的方式建立起 120 亩左右的草莓基地，成立了富民九峰草莓产销专业合作社（以下简称“九峰草莓合作社”），发展草莓种植和特色林果采摘产业。2015 年，在时任村主任徐建昌带头倡导和富民县政府大力支持下，石桥村 49 户村民（后扩展为 54 户）集资入股成立了南西桥公司，总投资额 1 000万元，其中村民投资 510 万元，占股 51%。石桥村民用自己勤劳的双手开垦土地，养林种田，自给自足，生活过得十分惬意。

石桥村航拍图

三、乡风与文化

石桥村民风淳朴，乡风文明，从 2013 年起开始运用村规民约进行村庄管理和服务，先后于 2016、2017、2018、2020 年进行了 4 次修订，内容从起初的规范入股分红操作、简化红白喜事的流程等具体问题逐渐扩展到涵盖环境卫生、人口教育、资源管理、精神文明等各个方面。村民对于村公共事务比较关心和支持，石桥村有良好的群众基础。此外，石桥村将活动中心改造为红白理事会，处理村庄的红白事，提倡量力而行，禁止大操大办，形成了远近闻名的良好风俗。

良好的乡风的背后，是悠久广博的历史文化。佛教圣地九峰山西华禅寺就坐落于石桥村辖区内，有《九峰山志》为证。明万历四十四年（1616年），西湖灵隐寺高僧楚圆卓锡来到九峰山，决心在此建一佛寺，便向当地士绅讨地。这即是九峰山有佛寺之始。后来经过时间和岁月的劫殇，九峰山西华禅寺遭到了严重的破坏，2008 年，西华禅寺开山重建，经过长达十年的重建工作，九峰山西华禅寺才逐渐恢复当年风采。九峰山西华禅寺临近南营荷花塘，湖光山色，相映成趣，现已成为宗教旅游胜地，为石桥村旅游发展提供了有力的保障和坚实的后盾。

重建后的九峰山西华禅寺

四、生态与环境

石桥村位于半山区，气候条件优越，属于北亚热带低纬度高原山地季风气候，海拔 1 600 米，年平均气温 15.8℃，年均降水量 758 毫米，西冲小河、马拉小河从村内穿过，水资源丰富，无霜期 278 天。春季温暖，干燥少雨，夏无酷暑，雨量集中，秋季温凉，天高气爽，冬无严寒，日照充足，气候宜人，具有良好的气候资源禀赋，是一个空气清新、阳光明媚、鲜花常开、令人流连忘返、舒适自然的休闲之所。

宝鼎山

此外，石桥村西南角还有一座相对海拔 100～150 米的宝鼎山，在《富民县永定街道石桥田园小镇旅游发展规划》中将宝鼎山划归为与台地农田景观、溜索、星空酒店为一体，占地面积约 700 平方米的宝鼎广场，目前已搭建了包括石门、元宝装饰、山顶地面八卦绘图在内的基本陈设。南西桥公司内的篝火广场、荷花池塘、大地田园景观、七彩稻田、跑马场也吸引着一批又一批的游客前来游览参观。

第二节　石桥历史

石桥村历史悠久，依大坟头山而建，傍西冲、马拉小河之水为居，南边有马拉河桥相依，北边有北营桥相伴。据考证，村内曾有一座石拱桥供来往过客通行，石桥村之名由此而来。历史更迭，时间流逝，石拱桥何时所建已无从得知，石桥村却在历史车轮滚滚向前的道路上留下了自己清晰的轨迹与记忆。

追随时间的脚步，从历史的视角出发，对石桥村的发展进行纵向追溯，重新梳理近现代以来村庄发展、村庄建设的历史叙事，可以帮助我们更加全面地认识石桥、走进石桥、发展石桥。更为重要的是，在时间的维度下准确地把握乡村振兴的理论逻辑，打破历史与当代实践在时空和叙述上的割裂，找出隐藏在历史叙述背后的乡村振兴发展的经验和基本规律，从而为都市驱动型乡村振兴未来的发展提供借鉴和启示。

一、历史中的“兴衰石桥”

（一）热闹非常的茶马驿站

俗话说“北有丝绸之路，南有茶马古道”，茶马古道与丝绸之路一样在中外经济和文化交流中发挥着重要的作用。茶马古道源自西南边疆地区的茶马互市，兴起于唐宋时期，繁盛于明清时期，于二战中后期达到鼎盛，是广泛存在于中国西南地区，以马帮为主要交通工具的民间国际商贸通道，被誉为中国西南经济文化交流走廊。

西南地区的茶马古道大致分为川藏线和滇藏线两条主要线路，云南的茶马古道主要分布在普洱市、大理白族自治州、西双版纳傣族自治州、临沧市、保山市、德宏傣族景颇族自治州、昆明市等地，昆明是过去茶马古道的一个重要的枢纽。滇藏线茶马贸易中的茶叶以云南普洱茶为主，云南内地的汉族商人将茶叶等物品转销给西藏的贩运商人，又从这些藏商手中购买马匹等牲畜，再运送到丽江、大理、昆明等地销售。由北向南自麻地鸡街、者北出发，经石桥、富民抵三村达普吉进昆明，石桥村是从四川会理、云南禄劝等地进入昆明的主要通道，成为当时茶马古道的必经之地。

当时由大理进昆明的当地茶商以及藏商的马帮络绎不绝，热闹非常，石桥的先民们在古道两边建造商铺，经营着茶楼、客栈、酒馆、烟馆、集市等各种各样的生意。坊间曾经流传着这样的一个故事：石桥古街上曾有一食馆，店家以经营牛肉汤为生，牛肉汤品相极佳、味道鲜美、飘香十里，茶马古道最为兴盛之时，人来人往、车水马龙，往来的商人被鲜美的牛肉汤吸引，纷纷留步品尝，食馆每日能卖掉一头牛的汤肉，生意甚是兴隆。这一食馆是否真的存在过我们已经不得而知，昔日茶马古道的文物遗迹也随着时间的流逝消失殆尽，但对于石桥的村民来说，茶马古道不仅仅是文物遗迹，更是石桥先民主动谋求发展的历史印记和一段美好的回忆，正是他们的辛勤经营，成就了石桥老街曾经的繁荣。

（二）太平天国运动

1850 年末至 1851 年初，由洪秀全、杨秀清等人组成的领导集团在广西金田村发动武装起义，后建立“太平天国”，太平天国运动历时 14 年，在中国南方兴起而波及全国，是世界历史上规模空前的一次农民战争，初步担负起了反帝反封建的任务。但因为农民阶级的局限性以及统治者日益腐败，开始互相猜忌，乱杀无辜，逐渐脱离了群众，最终走向失败。

据村里健在的百岁高龄老人回忆，太平天国运动之前，村内人口众多，茶马古道上络绎不绝的商贾给村里带来了很多的生意，太平军东征路过石桥之时，烧毁了村庄的房屋，抢掠村民的财产，杀害村里的无辜村民，给石桥村带来了沉重的打击。战火纷争过后，石桥村就只剩下祝姓、陈姓、苏姓、杨姓、郭姓、胡姓、王姓几户人家，断壁残垣的村庄再也不复当年人来人往的繁华景象。

（三）“徐”姓定居石桥

据石桥村徐氏家族第五代子孙保存的不完整家谱记载，现在的徐姓原姓薛，薛氏先祖是道光戊子年（1828 年）生人，系云南省昭通市大观河溪乡打草坝坎下生长人氏，于道光戊戌年（1838 年）在四川省建南道小地名三尖山脚下的大地村身故。直到光绪丁酉年（1897 年）薛氏第三代子孙将薛姓改为徐姓，长期定居在石桥村，开始在石桥村繁衍生息，徐姓成为现在村里的主要姓氏。之后多年，石桥村的村民们日出而作，日落而息，用勤劳的双手打造共同的幸福家园、一片静谧祥和的景象。

但是这份安定很快被一场鼠疫打破，石桥村再次陷入了人心惶惶、破败萧条的困境中。1940 年，云南发生鼠疫，有 2 位过路客经过石桥村时，在旅店歇脚住宿了一晚，第二天一早被发现已经死亡。过客身穿比较昂贵的羊毛披毡，旅店老板因贪财而将羊毛披毡私自收起后将尸体运送到了警察局。但也就是这一个举动导致村里人口锐减，原来过客不小心在路途中感染了鼠疫，他们身穿的羊毛披毡就成了鼠疫的传染源，短短几天的时间，鼠疫在石桥村暴发，村里的医疗条件也不足以应对这种大规模的传染病，死亡人数一直在上升。这次鼠疫也造成了继太平天国战乱后，石桥村最大规模的一次人口衰减。

二、改革中的“兴旺石桥”

鼠疫过后，村庄里的劳动人口锐减，田地因长期无人打理而撂荒，村里一片百废待兴的景象。1950 年 3 月，云南省人民政府在昆明成立。为了巩固政权，1950 年 4 月，驻滇人民解放军开始剿匪作战，石桥村响应政府号召，开始了清剿村里匪霸的工作，同年 9 月开始积极参与土地改革和社会主义建设，进行减租退押的土改准备工作。在土地改革中，村民们分到了土地，粮食获得了大丰收，这些获得土地的村民自发组成了互助合作组织，将广大的农民组织起来，极大地推动了农村经济的发展，村民的生活质量也有了显著的提高。

石桥村在注重农业生产的同时也十分重视教育的发展，1972 年昆明市政府在石桥村设立了石桥小学，其招生范围涵盖石桥和哨箐两个村 1～5 年级的义务教育阶段适龄儿童。为了方便孩子上学，石桥村将原先的烤烟棚和牛舍改为了石桥小学的校舍，由富民县公派两名小学教师，再加上石桥村派出一位民办教师，三位教师一起负责五个年级全课时的教学工作。石桥小学一直延续到20世纪80年代末，逐渐被师资力量更强大，基础设施更好的南营小学所取代。

改革开放以来，家庭联产承包责任制开始在全国推广开来，南营村委会将本村人口和土地划分为南营、西冲、石桥3个大组进行试点工作。1983年，石桥村民小组一马当先，第一个将包产到户作为试点经验在全村进行推广并取得了显著成效，村民得到实惠。为了减轻村集体管理山林的负担，节省开支，1994年，石桥村在国家政策的引领下将村集体的荒山、山林等有偿流转给村民。在石桥村民的努力之下，原本稀稀落落有几棵树的山头和撂荒的荒山变成了树木茂盛的山林，生机勃勃，绿意盎然。

在村内基础设施完善方面，石桥村也是一步一个脚印，脚步坚实且目标明确。首先，出于保护村民身体健康的考虑，解决了全村人畜共饮水的问题。1990年通过村集体牵头，政府补助和村民集资在村内铺设管道，修建水池，成为南营村下属村民小组中第一个解决人畜共饮水、自来水入户的。为了增强村民身体素质，石桥村还修建了一个篮球场，安装了部分健身器材。其次，受"要想富先修路"思想的影响，为了发展村庄经济，拓宽并新修了村庄的部分道路。1997年，昆禄公路扩建，因为紧邻昆禄公路，村庄的发展迎来了一个机遇。乘着这个东风，一方面村民通过道路修建务工增加了部分收入，另一方面通过道路扩建、土地征用获得了相应的补偿款项。随后，村集体筹资开始修建进村道路，铺设水泥路面，直到2012年底，道路硬化了约500米，安装了路灯对进村道路进行亮化，修建了一个公厕和一个垃圾房，村庄的环境卫生有了明显改善。

三、发展中的"幸福石桥"

2012年至2019年，是石桥村乘风破浪、快速发展、砥砺前行的重要阶段，石桥村所属的南营村先后获得昆明市基层党建示范点、昆明市级文明村、昆明市民主法治村、富民县先进基层党组织等荣誉称号。石桥村在生产发展、生活富裕、生态良好、乡风文明、治理有效方面取得了许多显著的成就。

2012年，村集体自筹资金建设了村民活动中心（现在的红白理事会），专门用于举办集体活动，如满月、结婚、葬礼等。2013年，石桥村正式开始实施村规民约，大力推行移风易俗，杜绝土葬，实行火化，坚决抵制大操大办铺张浪费的行为。在“幸福乡村”政策的号召下，为解决村民买菜难、路程远的问题，石桥村通过村民入股的方式建设了石桥村第一个村集体经济项目——石桥村农贸市场。农贸市场的建立既解决了村集体筹措资金的难题，又通过资金入股的方式使得村民变股民，形成了良好的村民参与制度，为以后村庄的发展提供了非常好的借鉴。

同时，经过村委会提议、村民大会讨论通过了小游园的方案，小游园成为村民锻炼身体、放松身心的场所。村庄经济发展了，村民生活改善了，村庄的一切都在朝着更好的方向发展着。为了将石桥村建设成为一个幸福乡村，石桥村开展党员志愿服务活动，村内党员踊跃报名，积极参加提升村容村貌的义务劳动，为整治村内外环境卫生贡献自己的一份力量。在党员的带动下，村民们自发开展村内环境清洁整治行动，约定每月最后一天进行一次，并形成良好风俗一直延续至今。每到月末，全村的村民纷纷走上街头，对房前屋后、庭院内部、公共区域的积存垃圾、堆积落叶和建筑垃圾等进行清理。

在基础设施完善方面，为了美化村庄环境，解决垃圾乱丢乱放、异味难闻的问题，村集体又新建了垃圾房；在农贸市场周围建设了便民超市，提供物品一应俱全，给村民提供了诸多便利；云南省农村信用社在石桥村设营业网点，为村民提供存取款的便民服务；因紧邻昆禄公路而具有得天独厚的区位优势，在“幸福乡村”政策的支持之下，石桥村几家临街的农户自行开办农家乐，起到了一定的示范带动作用。

2013 年井喷式的发展过后，石桥村没有停止前进的步伐，2014 年至 2015 年，“美丽乡村”项目落户石桥。石桥村在 2013 年发展的基础上，对小游园进行了提升改造工作，新增了许多配套设施，修建了部分污水处理管道，安装了监控和太阳能路灯，建设了石桥村村务中心。经过一年的发展，2015 年石桥村被上级政府定为“省级规划示范村”。

除此之外，得益于得天独厚的区位优势和气候资源禀赋，2014 年起石桥村开始建设草莓基地，吸引游客前来采摘，壮大了村集体经济，采摘体验式农业的发展也给石桥村的村民带来了许多商机。便利的交通、优美的环境、高质量的草莓吸引了大量游客前来采摘，但是尚未形成规模效应的农家乐，还不足以应对节假日较多的采摘客流，“来得了却留不住”的问题急需解决。在时任南营村委会主任同时也是石桥村村民徐建昌的建议下，2015 年，通过“股份合作＋公司化经营”的方式，石桥村 54 户村民集资入股，成立了南西桥公司，主要经营住宿、餐饮、娱乐等项目。经过三年的建设，南西桥公司于 2018 年 4 月正式开始运营，吸引了更多的游客住下来、留下来，为村庄创造了更多利益。

四、振兴中的“七彩石桥”

为深入贯彻落实习近平总书记关于“三农”工作的重要论述，实施乡村振兴战略的总要求，通过发挥都市驱动力，为乡村振兴注入新动能，2019 年中国农业大学和昆明市政府签订了乡村振兴政校合作协议，石桥村凭借其位于昆明都市圈内的优越地理位置、村庄能人带动优势、股份合作经营创新模式成功入选都市驱动型乡村振兴实验区试点村。在昆明市委、市政府，富民县委、县政府，永定街道，驻村工作队和中国农业大学专家团队的指导下，石桥村正有序推进实验区各项项目建设，积极探索实施乡村振兴战略的六大机制。

云南省审计厅厅长一行在石桥村考察指导

各级领导高度重视，上下联动形成合力。石桥实验区成立以来，云南省委政研室、改革办、省委农办、省国家民间组织合作促进会，昆明市委、昆明市委办公厅等相关领导前往石桥调研，提出许多指导意见，并结合实际情况，积极探索八大机制在实验区的建设落地。通过市县统筹部署、街道贯彻落实、村级积极参与，上下多级联动共同形成了工作合力，共同推进实验区各项工作顺利开展。

昆明市委书记杨正晓一行在石桥村考察指导

专家教授专业指导，多方谋划初见成效。中国农业大学李小云教授团队曾多次前往石桥村进行项目的推进考察工作，围绕石桥村的建设情况、机制探索、存在问题、解决措施等方面进行全方位、多层次、多角度的反复研讨，将石桥村六大机制的相关工作进行细化，形成方案，责任到人。目前各项建设工作正在有条不紊地进行当中。

李小云教授一行在石桥村考察指导

石桥村村干部合影

党员带头积极参与，村民主体意识逐步增强。党员带头，义务对山坡进行绿化和美化的工作，并且实行分段责任制，不但将树种栽种下去，更是落实好了管护责任。同时，在党员的示范带动作用之下，村民自发对村内环境开展清洁整治行动，对各户庭院开展美化。在专家团队、街道、村委会、村民小组的共同引导下，村民自发成立了实验区村级建设小组，村民主体意识正在逐步发挥。

七彩石桥新画卷

在中国农业大学专家团队反复调研考察之后，考虑到村庄房屋结构和错落有致的地形，决定采用粉刷房屋外立面，通过彩色的视觉冲击力形成自己的亮丽名片。“七彩石桥”由此诞生。在全体村民的共同努力之下，

“绿树村边合，青山郭外斜”的诗意画卷将逐步实现，石桥村也会越来越美丽。

第三节　石桥亮点

产业兴旺，生活才能更加富裕；生态宜居，生活才能更加健康；乡风文明，生活才能更加稳定；治理有效，生活才能更加美好。石桥村的发展模式以能人带动为基础、以村规民约为抓手、以入股分红为核心、以美化环境为关键，多点开花，亮点纷呈，正在朝农业强、农村美、农民富的方向坚定前行，乡村振兴的美好发展图景也正在石桥村徐徐展开……

一、党建引领，能人带动

在党建引领方面，石桥村民小组党支部及11名党员，充分发挥战斗堡垒和先锋模范作用。围绕“引领振兴实验、引领产业发展、引领项目建设、引领村庄治理”目标，党支部带头研究乡村振兴和创新实验有关政策，带头执行中央和上级党委决定，结合石桥村实际通过“四议两公开”“党支部提议”“党员大会审议”制度全面引领和参与项目推进。党支部制定“党员联系户”制度，明确11名党员联系57户农户，宣传政策、动员参与实施项目。党员带头入股南西桥公司，带动全村大多数农户积极筹资入股，扩大股份收益。党员主动开展“五先五争”先锋行动，在贯彻上级精神、村庄发展、风险承担、制度执行、项目实施中先学习、先谋划、先担当、先遵守、先试行，争当领航人、当家人、开拓者、模范人、带头人。

石桥村的另一大发展特色是能人带动乡村发展。在项目建设过程中，更是涌现出了以徐建昌、徐正云为代表的乡村本土CEO，带动该村产业发展、村庄发展和社会治理。石桥村村民徐建昌2011年当选南营村村委会主任（于2021年3月卸任），在村民中威信较高，多届连任，能够把村民拧成一股绳共同发力，为村庄整体统筹建设提供了良好的基础。石桥村的村民小组组长、村民小组党支部书记、党员代表等在村中比较有威望，能够发挥很好的协调和管理作用。2011年在村民小组组长徐正云的带领下，石桥村通过村民入股的方式建立了村庄的第一个村集体经济项目——农贸市场。

2016年，徐建昌村主任带头集资入股的南西桥公司，目前是村庄产业发展聚力所在。

村庄能人徐建昌牢牢把握富民县“山水园林卫星城，休闲康养目的地”的精准定位，紧紧依托昆明主城消费市场，发展乡村旅游、休闲康养娱乐产业，吸引都市人群近郊消费，建立南西桥公司。在公司建立过程中，徐建昌敢于谋划，积极争取，规范经营，开拓市场，将公司建立为一个集餐饮、住宿、休闲、康养、娱乐于一体的休闲度假基地。在石桥村被确定为都市驱动型乡村振兴实验村以来，徐建昌全身心投入项目建设，一线指挥工程建设、一线监督质量标准，积极动员广大党员和村民落实上级安排部署，能够团结党员和村组干部克服困难，舍小家为大家，主动关停了自家的农家乐，一心扑在南西桥公司的发展和石桥村都市驱动乡村振兴项目上。

通过像徐建昌这样的村庄能人带动、党员的带头，石桥的乡村振兴、产业发展、村庄建设、乡村治理都取得了良好的成效，创造了新的经验。

二、村规民约，三治融合

村规民约是一种乡村治理的手段和制度化的表现形式，根植于中国传统乡土文化，承载着约束村民行为习惯、倡导树立正确价值体系、传承和弘扬优秀传统文化的社会价值，在广大农村地区基层治理中发挥着重要作用。党的十九大报告强调：“加强农村基础工作，健全自治、法治、德治相结合的乡村治理体系”，村规民约作为三治高效融合的一个重要抓手，对健全新乡村治理体系、助力乡村振兴具有重要的作用。

自2013年实施村规民约以来，截至2021年3月，石桥村的村规民约共修订了4次，共5个版本，制定的内容和程序逐渐规范合理。

在制定内容方面，不同版本的村规民约反映了石桥村在国家法律、社会政策、乡村治理变迁的大环境下不断完善的足迹，以及石桥村村庄治理的演变过程。2013年的村规民约围绕石桥村村民的日常生产生活进行设计，包括土地承包与流转、外嫁女与招女婿、违章建筑、抚养义务和赡养义务的规定等，是一些经常发生的琐碎问题的解决办法和依据。2020年的村规民约相较于2013年在结构上相对系统，将具体的内容分为权利与义务、土地资源、村庄发展、社会治安、奖惩方式等五个方面，涵盖的范围有所扩大。总体上来说，在内容方面，各个版本的文本都在前一版本的基础上根据村庄的实际情况进行了增减，前后文本间具有承接性；在形式方面，石桥村的村规民约从最开始的分条列举逐渐规范为分类分条列举，更加清晰。在村民自治引领下，村规民约在创建和谐有序的生产生活方式方面发挥了重要的作用。

在制定程序方面，大致分为前期调研准备、定稿审议、后期实施等几个阶段，详细的程序内容如表 1-1 所示。总体上来看，石桥村村规民约制定和修订的过程中非常强调自治性和民主性，多次召开户主大会征求村民意见，强调村民参与的重要性，很好地反映了村民的意志。从前期准备到定稿审议再到后期实施，包含了征求意见、反复修改、审议、表决、备案等全部过程，在程序上很好地体现了规范性。

表 1-1　石桥村村规民约制定过程

程序	内　容
前期准备阶段	1. 通过村内的广播站、村微信工作群告知村民，村规民约将展开制定或修订，让村民知晓并积极参与； 2. 召开户主大会，由村民民主推荐组建村规民约的起草小组，然后由村委会进行任命； 3. 收集村民意见，可以通过入户走访、开会、匿名信、微信、电话等方式收集村民对于村规民约的改进意见； 4. 整理村民意见，进行分类整合，确定框架，草拟初稿
定稿审议阶段	1. 将初稿交给村“两委”审议，审议通过后，召开村民大会进行讨论，根据村民的意见再次修改，形成定稿； 2. 将定稿交给乡镇和相关司法部门进行审议，就其合法性进行审核并反馈意见，起草小组根据意见进行修改，形成终稿
后期实施阶段	1. 开会表决，召开村民大会，在会上公布村规民约定稿，对于村民有疑问的地方进行解释，最终超过 80%的参会村民举手表决通过后方可执行； 2. 向南营村村委会提交村民大会会议记录和最终定稿，由村委会向镇政府备案； 3. 在村务公示栏上对村规民约进行公示，宣布生效日期，通过制作宣传展板、微信群等方式加强宣传效果

作为 6 个昆明都市驱动型乡村振兴实验区中的一个，从县、街道到村委会和村民小组都十分重视村规民约的建设，以村规民约为抓手的村庄治

理也为我们探索村政服务与乡村善治机制提供了一个很好的方向。

三、入股分红，利益留村

石桥村目前采用股份合作的形式成立了石桥村级农贸市场股份合作社、九峰草莓合作社、南西桥公司等合作社和企业，这种以入股分红为核心的方式，展开了土地变资产、村民变股民的股份经济合作探索之路。

2013 年，村集体通过入股分红的方式筹资建设农贸市场，解决村民路程远买菜难的问题。经过多次开会讨论入股金额、分红方案，考虑到村民每家每户的实际情况不同，为了保证每个村民都有能力入股，将每股价格定为 2 000 元，秉持着“人人可入股，多有多入，少有少入”的原则，一人最多入 10 股，从而保证更多的村民入股后得到分红。分红的方案是按每股 10%分红，即一股可分红 200 元。2013 年起开始入股，共计入股 254 股，每股 2 000 元，总计 50.8 万元。农贸市场 2013 年开始运营，2014 年 10 月开始分红，一直持续至今。

2014 年，草莓基地建设的过程中因为需要流转土地 120 亩左右，石桥村采用了土地入股的方式，以每亩 1 800 元的价格流转给公司，按土地亩数年底获得分红。石桥村 68 户依托九峰草莓合作社、民宿、农家乐等带动年收入每户 3 万元。村集体经济铺面出租、超市出租、农副产品市场出租租金近 10 万余元。

2015 年 6 月 9 日，在富民黎阳产业公园投资有限公司（以下简称“富民县产投公司”）入股支持下，石桥村 54 家村民集资入股成立村集体企业——南西桥公司，村民占股 51%，是现在石桥村主要的村集体经济发展企业，南西桥公司采用股份合作+公司化经营的方式，独立核算、自主经营、自负盈亏、民主管理，形成了集吃住行游购娱于一体的多功能景区。南西桥公司流转石桥村及附近村民小组的土地，形成区块化管理，为该村打造以七彩稻田、七彩花海为主要特色的村落提供了基础。

四、美化环境，治理生态

绿水青山就是金山银山。作为旅游型村落，开展美化环境、治理生态工作，不仅可以吸引更多游客，促进乡村旅游产业可持续发展，也有利于进一步改善村民的人居环境，提升生活幸福感。

首先，石桥村历来有党员干部带头进行“月末大扫除”的优良传统。《石桥村月末大扫除工作安排》中规定：“在每月最后一天晚上 7 点，各组负责将沟渠、老坎上下、树丛中的垃圾清除干净。”村规民约中也对不参与月末大扫除的行为规定了处罚手段：两次以上不参加者罚款50 元/次，对于长期不参与村内义务劳动者则由村民大会决定其是否继续参与分红。清扫队伍成员实行全村包干到户，每组由 1 人负责，成员在 15 人左右，分别负责不同清扫区域，职责分明。

其次，石桥村积极发动村民开展庭院绿化美化。村民开展自家庭院绿化美化建设即将农户居住的房前屋后的周围零星空地充分利用起来，选择既好看又实用的树种和花卉进行栽植，实现观赏、功能、经济效益的有机结合。石桥村为鼓励村民积极参与庭院绿化美化，制定了《石桥村关于开展“最美庭院”评比活动的实施方案》（以下简称《方案》），对按照《方案》要求、设计精巧、变废为宝、特色鲜明的院落美化进行评选并给予100～1 000元的现金奖励，除庭院的美化外，《方案》还将农户家庭厕所和厨房的卫生状况纳入评选标准。

最后，完善村庄公共环境的绿化美化，建设“七彩石桥”。为保证环境改造的整体效果，石桥村首先拆除了部分影响村内整体景观、占用道路的不合规建筑、设施，如蔬菜公司租用的建筑、缠集的网线电线等，拓宽了村内道路，并铺设沥青路面，然后广泛种植百香果、无花果、金银花、三角梅和炮仗花等植物，最后根据每家每户原本墙体颜色和材质，从美学角度进行相应颜色的搭配，将不同的房屋外立面粉刷成蓝色、粉色、绿色等颜色，并绘制绿水青山、向日葵等景物，从而实现“七彩石桥”的观赏效果。在 2020 年的花卉种植活动中，经过村民共同努力，70 多株三角梅、40 多株月季花、20 多株炮仗花整齐排列，迎风挺立。但由于花卉保养难度高、易丢失、被家畜啄食等，后续补种和维护的压力也较高。为缓解这一问题，石桥村集体出资雇用了 1 名专职花卉管理的保洁人员。这一公益岗位工资分别由永定街道办和村集体每月各出资 600 元，总计 1 200 元。此外村集体还聘请了花卉种植工，工资 250 元/天，招聘本地人居多，在保障花卉种植管理有效的基础上还满足了低收入人口的增收需求。

第二章

石桥发展中的故事

追忆石桥村的历史，走在曾经繁华的道路上，感受着当年茶马古道的热闹，回想着太平天国运动和鼠疫过后村庄的破败，记忆里那古老的石桥、斑驳的道路已经不复存在，取而代之的是高低错落的小洋楼、平坦宽敞的水泥路、干净的厕所与垃圾房。这些令人满心欢喜的变化背后蕴藏着一个又一个生动而又真实的故事，让我们通过这些故事再一次了解石桥村的发展，感受石桥村的沧桑变化。

第一节　红白理事会的故事

2010 年底石桥村正式建成村级活动中心，占地 5 亩左右。2013 年，石桥村结合“幸福乡村”和“美丽乡村”项目建设，为了推进移风易俗，提升乡风文明，全面整治大操大办、高额彩礼、铺张浪费等不良习俗，成立红白理事会，在村民小组党支部和村民小组的领导下开展工作，通过村民会议充分征求村民意见，在村规民约中明确规定酒席数量、帮忙人员安排等具体可操作的细节。红白理事会自 2013 年成立以来，已经操持了 200 余次婚丧嫁娶事宜，为村民节省了一大笔开支，讲排场、比阔气的不良风气逐渐失去市场，倡节俭、拒铺张、反浪费蔚然成风。

一、缘起：徐正云村长的承诺

最了解红白理事会（原来的村活动中心）的人非村民小组组长徐正云莫属，每每谈到它，徐正云的脸上总是洋溢着自豪和幸福的笑容。红白理事会从外面看就是一个普通的院子，但进去之后才发现别有洞天。在一个小小的村庄里能建起如此大规模的场地，这不仅意味着这个村子的繁荣富裕，更意味着这个村子的和谐美好。

据徐正云回忆："这件事呀，最早要追溯到2009年。"当时，村里正在进行每三年一次的村长选举大会，那时他正在外地打工，丝毫不知道大会如何进行又如何结束。突然有一天，他接到了一个电话，村里的老村民小组组长打来的，老组长激动地告诉他："你当选组长了。"徐正云一下子愣住了，心里想怎么可能呢？但老组长的语气又不像是开玩笑。老组长也察觉到了他内心的震惊，为了使他相信，老组长向徐正云详细解释了缘由。原来，村里的人在选举村民小组组长时，都会推举自己觉得信服的人，村民们都觉得当时还是普通村民的徐正云有能力，大部分人都选了他，因为大家都很清楚他的事迹。

徐正云的故事如他的人一样，丰富而又深沉。在1979年时，他便高中毕业回到家中，那时也就17岁左右，他的父亲以赶马车为生，家里过得还算不错。当时他年纪轻轻的，从未考虑过未来，也不知道要从事什么工作。但偶然一个机会，民办学校需要招收一个四年级的代课老师，因刚毕业，对课本知识还算熟悉，他便去了，这一待便是一年，时光如流水般匆匆逝去。后来，他似乎突然想通了什么：一辈子说长不长，说短不短，也许，自己该出去闯荡一番，万一闯出一片新天地呢？他便毅然决然地辞掉了代课老师的工作，转行去卖水果，好在那两年的市场行情还不错，自己赚了一大笔钱，并买了一辆面包车，在那个时代，村里能买得起面包车的就算是极为富裕的人家了。但接下来行情却逐渐变差了，他便又转行烤酒，加工好了就卖到大公司，自己赚取加工费。同时，烤酒的酒糟他想着扔了也是浪费，不如拿去养猪，就这样养活了100多头白白胖胖的小猪，一番事业又轰轰烈烈地展开了。一边赚着加工费，一边又赚着卖猪的钱，日子过得也还快活，但好景不长。到了1998年，国家开始大刀阔斧地改革，他认为当时所经营的产业已经没有太大的发展空间了，是时候转行了，紧接着他转行去开大车，一般都跑长途，所以在家的时间屈指可数，但也因此又赚了一笔钱。他便在村里盖了一栋有着300多平方米的房子，虽说盖房子花了18万元，但还能剩下10万元左右，可见这些年来他出色的经商头脑。到了2006年，他又开始开装木料的大车，一直奔波辗转在祖国西南的各个地方。

徐正云的这些经历和故事，村里人都是知道的，也是极为佩服的，所以大家才会推选徐正云为村民小组组长，希望他能带领石桥村走得更远、更好。老组长说："我们村里现在的情况你也清楚一些，我们极其需要一个带头人，这件事情非你莫属呀，你看一定要好好考虑一下。"挂掉电话之后，他便陷入了沉思与迷茫之中，一边是大家殷切的期盼，一边是自己对于能否做好的担忧，辗转反侧，终于他做出了决定。他辞掉了开车拉木料的工作，回到了村子里，并在村民大会上保证一定会带领这个村更加富裕，并保证在一年内一定将村民活动中心建起来，也就是在2010年的年底会将其建造完毕，让村民有自己的活动室。这一承诺迎来了村民热烈的掌声。

二、过程：村民活动中心的诞生

正所谓新"官"上任三把火，一当上村民小组组长，徐正云便开始了大刀阔斧的改革。为了建好承诺大家的村民活动中心，他常常辗转反侧，夜不能寐。首先地从哪里来，活动中心建在哪里，这就是个大问题。想了好多天，终于，他召开了村民大会。在会上，他说道："现在我想建村民活动中心，但是没有土地可以来建造，让大家白白地把自己家的地拿出来建公共场所，这也不公平，所以现在我以组长的名义向大家征集土地，每亩地8万，看你们谁家有闲置的建设用地，可以把他卖给我们村集体。"此话一出，大家议论纷纷，没人愿意拿出自家的地，只能暂时散会。但事情并没有结束，没过几天徐正云又一次召开了村民大会，解释清楚此件事情的利弊："建村民活动中心，是为了让大家以后生活得更加幸福，而且地在手中闲置着也是浪费，为什么不卖给咱们村集体呢？村集体给的价格还高，也是卖给自己人。"终于，在徐正云坚持不懈的劝说下，有人主动把地拿了出来，有一就有二，就这样，村集体如愿征到了5亩地。

地征到了，徐正云又为修建活动中心的钱从哪里来犯愁，开始了漫漫的凑钱之路，既翻旧账又开新账，经过三次筹集，最终凑够了基础款项。他翻看村里以前的账本发现账上还有28万元，但一共需要40万元，还是远远不够。他开始研究是不是有其他人欠了村里钱，可以把钱要回来。皇天不负苦心人，通过他的查找，发现自己村里的地被旁边村里的人占了，用于建造工业园区，但是并没有给本村村集体缴纳购买或租赁土地的钱。于是他找到了邻村的村民小组组长谈话，才得知，有几个本村村民也不知道这些地属于村集体，擅自以个人名义按一两万的价格卖给了邻村。虽然徐正云有这些地的相关证件，打官司也能将这些地收回来，但毕竟是邻村，而且他们也花钱买了，要回来也不合适，还会使两个村的关系自此恶化，这是两个组长都极其不愿意看到的。但自己身为组长又必须维护本村的利益，最终，两个组长协商达成了折中办法，由徐正云代表本村从村集体中拿出 5 万元将这些地再买回来。本是件令人开心的事，徐正云却又犯了难。本来是想到处凑钱的，结果又支出了一大笔，钱只剩 23 万元了，离 40 万元的目标更远了。此时村里有人劝徐正云，别盖村民活动中心给自己找麻烦了，而且村里的钱凑不起来，别白费力气了。但徐正云却坚定地说，他一定会盖起来的。

此路不通，便换一条路，条条大路通罗马。接下来，徐正云又发现村里的村办企业占用了村集体的河流，却没有缴纳土地流转的费用。徐正云找村办企业的老板协商解决。事情并没有一帆风顺。刚开始老板不承认，说自己不清楚这件事。后来徐正云拿出了相关证明，证明显示，这条河长约 200～300 米，宽 6～7 米，一共占地约 2 亩，依照国家政策，老板应当向村集体赔偿 60 多万元，老板这才承认确实是私自占了村里的河。徐正云对村办企业的老板说："收你们 60 万元，这件事情就既往不咎了，不去追究你们擅自占用我们村集体河流的事情。"但企业不肯轻易拿出 60 万元，他们利用现在村里急需用钱的紧迫，不断拖延。双方僵持不下，村民小组组长徐正云又召开了村民大会商讨该索赔多少钱，村民们也让步了，最终由书记代表与村办企业签订了 20 万元的土地流转合同。村里凑够了 40 万元，但还要进行村里的基础设施建设，建设完拿剩余的钱去建村民活动中心，因此资金还是不够。

徐正云又发现村里建造的加油站跟村集体签了土地流转的合同，村集体把地卖给加油站老板，他建造起来了加油站，但是他从来没有缴纳过水电费用。这并不合理，因为村里的电网都是村集体统一花钱建造的，水管也是村集体统一修好的，那时候这家加油站还没有建造呢。但现在，他却一直享受着村里基础设施的便利，却并没有缴纳费用。于是，徐正云召开了村民大会，最终，大家商定，向加油站收取水费 3.6 万元、电费 15 万元。但等徐正云跟加油站老板商讨时，加油站老板却不同意，他说自己已经跟村集体签过合同了。在不断地协商和努力之下，最终双方各退一步，达成一致，加油站老板缴纳水费 3.6 万元、电费 10 万元，事情才算解决了。

但接下来又面临一件更为棘手的事情。之前有一家企业来村里建造工业园区，污染太严重，影响了居民的基本生活质量，但跟企业老板签订了土地租赁期限为 30 年的合同，于是大家一直容忍。还剩下 5 年时，因污染太过严重，企业经营也不善，公司搬走了，厂房还留着。有一家新的企业想要在此地投资办厂，但老企业还有 5 年租期，村里不能马上出租。新企业已经跟老企业协商好怎么处理了，徐正云想着闲置也是浪费资源，正好可以把它租出去。但村民才是村子的主人，为此，徐正云又召开了村民大会集中商讨，中间虽然也历经波澜，最终还是租给了新的企业。这下村里的建造村民活动中心的资金终于凑足了。2010 年末，村民活动中心正式竣工。

三、转型：活动中心“变身”红白理事会

村民活动中心竣工之后，徐正云紧绷的神经暂时放松，他答应村民的事情尽管过程艰辛，但好在结果是理想的，村民对徐正云的领导能力也更加信服。休息了没几天，徐正云又开始为活动中心东奔西走了。这么大场地的活动中心可以用来干什么？如果只是用来举办集体活动，一年中闲置的时间太长，村集体的收入也不会提高。徐正云又在心里算了这样一笔账：2012 年以前，村里的红白事需要请客 3 天，全村帮忙，1 天需要 60 个帮忙的人，3 天就需要 180 个帮忙的人，如果按照最低的帮忙费 1 人 100 元来算，村集体需要支出 18 000 元。按照这个规模，一年办 20 场红白事就需要 36 万元。如果把这个活动中心当作红白理事会的场地，将原本的 3 天改为 2 天，并且规定结合桌数的实际情况，按照户主门牌号灵活安排帮忙人员，而不需要全村帮忙，这样 1 天大概需要 40 个帮忙的人，2 天就需要 80 个帮忙的人，还按照 1 人 100 元的标准来算，一年办 20 场

红白事只需要 16 万元，为村集体节省整整 20 万元的开支，数目可观！

第二节　草莓基地的故事

九峰草莓合作社成立于 2014 年，基地种植面积 120 亩左右，种植的草莓品种有宁玉、红颜、章姬等，年销量达 33 吨，销售额 150 万元，如今已经形成集观光、采摘、休闲于一体的产业规模。但是如此庞大的草莓基地的诞生并不是一帆风顺的，其中土地就是最令人头疼的难题。

一、万事开头难：村民的犹豫

一大早，天刚蒙蒙亮，58 岁的李阿姨习惯性地拿起镰刀走出家门，一路上伴随着鸟儿叽叽喳喳的清脆叫声，沿着田间小路走到曾经熟悉的地头，看到满地都是红彤彤的硕大草莓，猛地一愣，这才意识到这块自己曾经种了近 40 年的土地已经易手他人，自己早已不再需要种地除草。

李阿姨是一个土生土长的农民，从小就在农田里摸爬滚打，可以说，她的一生都未与土地分离，对她来说土地就是衣食父母，而田里的庄稼就是自己最亲爱的孩子。她早已把农田劳作当成一种生活方式和情感寄托，对土地有着一种本能的眷恋，每年一家人最开心的时刻便是庄稼丰收的时候。

这样与土地密不可分、朝夕相伴的日子持续到 2014 年。2014 年南营村委会突然在石桥村民小组召开群众代表会，号召大家来一起讨论土地流转的问题，原来，富民县是水果之乡，几乎每个季节都会有水果。从 3～4 月的樱桃，到 5～6 月的杨梅，又到 7～8 月的晚熟桃，再到 9～10 月的苹果和梨……只有冬季和初春是空档。于是一家企业看到商机，在综合调研石桥村的气候、地形等条件后，准备连片流转土地开展现代农业，并提出丰厚的条件，每亩地可以给予农户 1 800 元的租金，并且会签订五年的租赁合同。这份租赁合同对村民来讲，似乎是极为有利的，因为当时土地流转的价格是每亩 800 元。但或许是过高的利润让村民们有些怀疑企业的目的，村民们纷纷站起来表示反对，坚决不“卖”地，此话一出，一呼百应，一时间激起了千层浪花，会场内议论纷纷，“不种地我们干什么”

“一亩地几千块钱怎么养活一家人呀，大家吃饭都不够，我们怎么生活”“没有了土地以后我们怎么办”……最终土地流转动员会实在开不下去了，只好不欢而散。

二、耐心解疑虑：村委的努力

村委会本以为这么丰厚的利润，村民们肯定会踊跃报名，但是村民坚决的态度让村委会的成员犯了难，但是他们没有止步不前，而是挨家挨户地走访，对于村民的疑惑耐心地解答，还接连召开了许多次村民会议来商讨土地流转的问题。村民小组组长徐正云给村民们算了一笔账，这些土地流转之前种植水稻、蚕豆、苞谷等传统作物，每亩年产值只有 2 000 元，120 亩左右的土地年产值仅为 24 万元，流转之后种植草莓，年产值可以达到150 万元，是种植传统农作物收入的 6 倍以上。这样一来二去，村民也不再那么反感土地流转。趁热打铁，村委接着对村民说：“土地租给公司，我们有租金，轻轻松松地赚租金，用自己赚来的租金去买粮食，不是也跟自己种粮食一样嘛，而且省时省力，不种地的时间也可以空闲出来，自己打些零工不是更好，比自己死守 2 亩多地强多了，而且我们年纪也大了，身体也大不如从前，娃娃们都外出上学，他们也不会想要再回来种地了，就凭我们的身体能再种几年呢，何不把地租出去呢?”村委设身处地的一番解释，既真诚又真正说到了村民的心坎里，又过了几天，有些村民就主动说要先尝试一下，但只出租，不卖地。不久后，更多的村民加入了土地流转的行列中，公司纷纷与石桥村民小组全体群众逐户正式签订了土地流转合同，合同期限为 5 年，并约定每亩地 1 800 元，每年 10 月份给予村民地租。草莓基地土地流转的难题就在一次又一次推心置腹的“算账”和会议中解决了。

三、土地变现金：村民的转变

将土地流转过来后，公司开始忙碌起来，过了不久，公司就把全村的土地都种上了草莓，并雇佣专门的人来管理，使一年 365 天每天都有新鲜的草莓可以采摘。石桥村距离富民县城 7 公里，距离昆明 40 分钟的车程，又紧邻昆禄公路，这样便利的交通也给草莓采摘带来了巨大的客源市场，每到周末和节假日，成百上千的游客前往石桥村的草莓基地采摘。公司因为种植草莓赚得盆满钵满。到了2014年的10月份，李阿姨如愿收到了3 600元，她兴高采烈地拿着这笔钱。全村人也沉浸在收到租金的喜悦中，大家纷纷感叹当时的选择是正确的，还是流转土地好，既有人帮忙打理土地，自己也可以再干点其他的活儿，还能收到租金，一举多得……

又过了不久，政府下达文件，国家要征收土地来建造工业园区，村里为此又召开村民大会。有了草莓基地土地流转的成功案例，这次村民们再也没反对了，大家都积极拿出自己家的土地。李阿姨将她家中仅剩的2亩平地，也拿出去建造工业园区。村民们与政府签订了永久的征地合同，政府依据合同按每亩22 000元的标准支付征地补偿金给村民。大家纷纷感到喜悦，觉得这比自己种地赚得更多。原本李阿姨一家主要靠种地为生，没有土地后李阿姨一家也开始从事其他工作来营生。现阶段，李阿姨的丈夫以开货车为生，儿子也在公司上班，李阿姨自己照顾着小孙子，不用天天去地里干活，还能收着租金，一家人的生活得到了极大改善。大家都住在一起，因添了小孙子，房子今年又重新翻修了，非常漂亮。说到这房子，李阿姨更是陷入了深深的回忆。李阿姨从小就听老人讲，这房子最开始时只是一块坑坑洼洼的土地，后来生产大队根据人口将村里的土地划分为宅基地。每家都分到了一块地，可以在上面盖房子。人们便开始了敲敲打打，不久一间房子的雏形便被建造起来了，祖祖辈辈都生活在这里，随着一代又一代人的延续，房子里住的人也越来越多，屋子不够住了，便再盖一层，层数越盖越高，现如今已经有四层了。所以这房子能形成现在的模样，是经历了好几代人的敲敲打打。房子的外观十分美丽，但屋里还有些地方未被装饰，只是裸露的水泥，李阿姨说是因为盖房子的花销太大了，装修的资金不够，但只要拿到土地的租金，家里人有时间就会进行装修。

四、产业新发展：李子基地的诞生

草莓基地的成功坚定了村委会发展林果经济的信心，又开始了李子基地的建设。村民徐田信家里有3亩旱地，种植苞谷和洋芋，每亩产值不超过 600 元，如果天公不作美，遇到了干旱的年份，收成则会更少。看到了土地流转后草莓基地的迅速发展，徐田信也特别想让村里将自己家里的旱地流转出去，还有不少村民和他家的情况一样，所以当徐建昌主任提到再流转 100 亩土地来建李子基地的时候，与之前的犹豫不决截然相反，大家纷纷主动报名流转土地，很快 100 亩土地就全部流转出来了。2019 年，南西桥公司生态休闲园侧面的山坡上，种植了 100 亩 4 000 多棵半边红李子，每年 5 月，李子树上硕果累累。徐田信家里的 3 亩旱地现在如愿种上了半边红李子，每年还可以获得 1 500 元的租金。

据了解，100 亩半边红李子的总产值即可达到 24 万元。过几年，李树进入丰产期，产值可在 100 万元以上，是村民种传统农作物收入的 4 倍以上，效益更加可观。产业兴旺、生活富裕的美好画卷正在石桥徐徐展开……

第三节　村民变股民的故事

一、村民变股民

徐建昌是石桥村人，早年从事建筑行业，是石桥村第一个经营农家乐的村民。他积累了不少经营企业的经验，是村里最早富裕起来的人，也是村民眼中的“大能人”。2011 年，徐建昌当选南营村村委会主任，他将自己的企业经营经验、人脉和资金都用到了村集体经济的发展上，带领村民建起了村农贸市场、九峰草莓合作社等集体经济产业。

有了参与农贸市场入股分红的成功经验，以及九峰草莓合作社给村民带来的巨大收入，以徐建昌为代表的石桥村党员干部，开拓创业，敢想敢干，牢牢把握住富民县“山水园林卫星城，休闲康养目的地”的发展定位，紧紧依托昆明主城消费市场，又萌生了筹建集餐饮住宿、休闲康养、文化娱乐于一体的南西桥公司的想法。徐建昌的想法得到了村民小组组长徐正云和一些村民的支持和响应，南西桥公司的规划建设、村民入股、盘活闲置土地等工作随即展开。

当时，一心想把南西桥公司打造成为富民乡村旅游品牌，造福村民和子孙后代的徐建昌，带头入股 177 万元，成了最大的股东，为了腾出更多的时间筹备建设南西桥公司，徐建昌主动关停了自家的农家乐，还将自家的建筑设备无偿或低价提供到项目中使用，一心一意建设和经营这个凝聚着他全部心血的村集体项目。徐建昌当着全部村民的面立下誓言："南西桥不盈利，我自己不拿一分钱的工资。村民入股不足的部分，全部由我来补齐。"在石桥村，还有不少积极投身经营、推动经济发展的能人。村民小组党支部书记徐建坤、村民小组组长徐正云等一批能人，在乡村振兴、村集体经济的发展中，处处以身作则，充分发挥个人能力，无论是组织项目施工、一线指挥工程建设，还是监督项目质量标准等工作，他们都走在前面，无论何处都能看到他们奉献的身影。在徐建昌和其他能人的带动，以及草莓基地和农贸市场的良好示范效应下，村民们怀着信心和希望积极入股：村民小组组长徐正云入股 10 万元，村民徐田信入股 30 万元，村民陈翠英入股 25 万元，村民朱自何入股 1 万元……

入股 30 万元的徐田信是最早入股的一批村民之一。他以前从事汽车修理行业，后来开大车，每月收入 2 万元左右，为了支持乡村旅游发展，徐田信放弃了开大车的工作，来到南西桥公司负责水电管理和维护工作，每个月工资 4 000 多元。徐田信说："村旅游项目有利于乡村经济的发展，有利于村民增加收入。作为石桥村村民，大家看好的事，当然要支持。"入股 25 万元的陈翠英，今年 80 岁。作为石桥村曾经的生产队队长，对石桥村发展经济产业的事情，她一直非常支持。她说："当年入股时有些村民不愿意，我还去劝，徐建昌能站出来带着大家一起干，对村民来说，是件好事。"

二、资金变股金

直到 2015 年，石桥村 68 户村民中有 54 户村民入股南西桥公司，成为真正的股东，筹措资金 510 万元。通过村民入股、富民县产投公司入股投资、银行融资、上级产业扶持项目资金投入等累计筹资 2 000 余万元，集餐饮住宿、休闲娱乐、田园观光、户外拓展、特色林果采摘于一体的南西桥公司正式成立，2018 年 4 月正式开始运营，现已成为集民俗文化开发、乡村生态旅游、农业观光体验、康养休闲度假于一体的乡村旅游康养基地和昆明市乡村旅游、休闲度假的新亮点，有可容纳 400 人的会堂、游泳池、茶室、棋牌室、KTV 等娱乐设施。七彩花海乐园占地面积 20 余亩，李子、草莓、生态蔬菜种植采摘基地超 200 亩，覆盖了游客衣、食、住、玩全方位的需求。2021 年，南西桥公司还在离村委会不到 100 米的地方开采出了深度约 1 400 米的盐矿温泉，为温泉酒店的持续发展奠定了基础。针对儿童，南西桥公司则打造了儿童泡池、儿童充气城堡、儿童沙池、儿童蹦床、彩虹滑梯等娱乐设施。

南西桥公司游泳池

南西桥公司娱乐设施

自 2018 年 4 月开业以来，南西桥公司游客人数约 470 000 人，实现旅游总收入超 1 600 万元，其中民宿收入 180 余万元，餐厅收入 900 余万元，温泉收入 600 余万元。2020 年，在疫情影响的特殊情况下，南西桥公司营业额仍达 530 万元，创造了120 万元的收入；2022 年，南西桥公司营业额达 725 万元；公司其他项目建设完成后，预计每年营业额可达 1 000 万元。

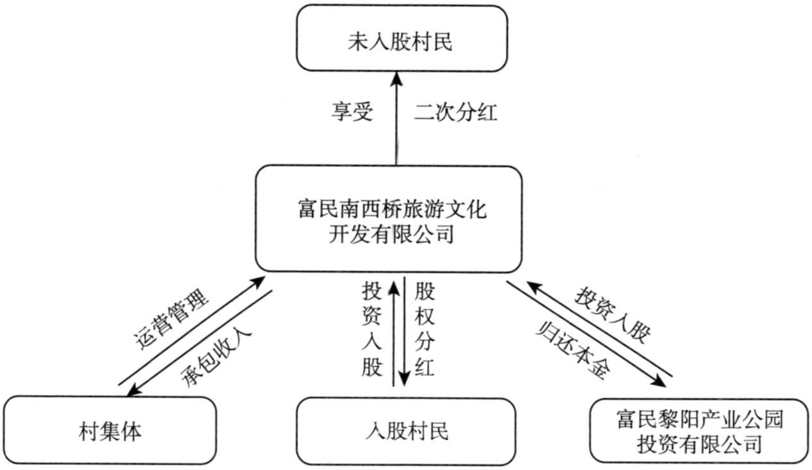

南西桥公司利益分配模式

按照南西桥公司成立时的承诺，入股村民将按每年公司项目收益的10%进行分红，每年还可领到 48 张温泉票，并享受用餐 9 折优惠、住宿128 元/晚等股民福利；也可根据企业收益情况，入股村民作为股东通过南西桥公司股东大会协商利润分配。同时，按有关要求，南西桥公司中村民的股份必须占半数以上，允许外来资金入股，但外来投资者不能成为最大股东，不享有对公司发展的决策权，这个权力要牢牢地放在村民的手里。这种模式一方面排除了外来资本稀释和侵占村内资本的可能性，另一方面激励了农户参与公司治理的积极性，催生了农村能人贤士，有效地把村庄的“三资”收益留在村内。针对入股村民和村集体，石桥村集体股份制经营收益采取“二次分红”制度。第一次分配是“按户分”总利润的 80%，此处的“户”指入股的 53 户，按照股权份额来分红。第二次分配是“按人分”总利润的 20%，也就是集体分红，全村 68 户全部参与。集体分红惠及了由于各种原因没有入股的村民，让这部分村民也享受到了村庄发展的红利。

三、资源变资产

2019年，石桥村被选为昆明市—中国农业大学都市驱动型乡村振兴实验区的六个实验村之一，实验的主要目的就是探索如何形成“公司+能人”带动村集体和村民收益持续稳定增长的共富机制。实验开展后，石桥村内闲置的小游园、农房等资源均被利用起来。富民县城白依庵街的一座传统四合院“滇中一颗印”易地搬迁至小游园，被命名为九峰书院，承载了滇中建筑文化积淀和九峰山民俗风情，既增强了村庄历史文化积淀，又可以建设成为高端民宿。另外，实验还盘清了村内宅基地权属情况，确定对2户农户进行民宿样板户改造，统一规划，统一装修，统一要求，盘活为新业态。同时，南西桥公司侧面闲置的山坡等土地资源也被利用起来，建设了1个占地100亩的李子观光采摘基地和20亩左右的七彩花海。种植的食用玫瑰、油菜花等花卉品种7～8个，不仅可供游客观赏，还能用于制作鲜花饼。后期，石桥村创新实验工作还将进一步盘活村集体闲置低效的资产，如村内的集体老厂房、待客处等。为更好发挥企业的经营优势，九峰书院高端民宿等均由南西桥公司代为经营，收益与村集体和相关村民进行分红。

2022年，永定街道办事处通过签订协议明晰石桥村和南西桥公司的利益分配，把投入南西桥公司的83万元项目实验资金，作为石桥村集体投资该公司的资本。南西桥公司连续20年，每年付给石桥村集体6万元，石桥村集体每年收取的收益金，由石桥村民小组和南营村村委会按照7∶3的比例进行分配，即石桥村民小组每年收取4.2万元，南营村村委会每年收取1.8万元。石桥村民小组将九峰书院等移交给南西桥公司经营管理，2022年的租金为5万元，满一年后视经营情况调整租金。石桥村民小组向南西桥公司支付2栋民宿的改造费用80万元。改造完成之后，南西桥公司要在2年之内返还给石桥村民小组30万元，并且连续8年每年要向石桥村民小组支付4万元。此外，2栋民宿在八年内的经营收益由公司、村民、村集体按照7∶2∶1的比例进行分配。8年后交由村民自主经营，经营收益分配调整为村民占70%，石桥村民小组占30%。通过这样的利益分配方式，无论是村集体还是农户都可以从原来闲置的资产中受益，真正实现了“资源变资产”。

四、企业新发展

最近两年，公司在发展过程中，需要不断投入资金，徐田信和很多村民都在积极想办法，通过银行“整村授信”，以农民个人信用贷款投入公司扩建。2019年，徐田信以个人名义贷款15万元投资入股南西桥公司。近期，又有多位村民着手办理贷款。陈翠英还准备将家里闲置的住房拿出来，补充到公司的民宿资源开发中。村民们看着游客量和公司资产不断增加，心里都是满满的希望。石桥村集体经济的发展壮大，促进了村民的就近就业。南西桥公司为石桥村60位村民就近就业提供了岗位，就业村民每人年均工资3.6万元，每年工资收入共计216万元。村民时春梅一家入股30万元，她和丈夫、儿媳既是南西桥公司的股东，又是公司的员工，3人每月工资1万元以上，家庭年增加就业收入10万元以上。时春梅说：“村里还有很多这样的家庭。”

在南西桥公司的打造过程中，石桥村通过“能人牵引＋村民入股＋政府投入＋公司运营”模式，实现了“村民变股民”和“资金变股金”，开了富民乡村振兴的先河，筑牢了产业支撑，积累了经验。村民入股，公司化运作，石桥村的乡村旅游、村集体经济逐步发展壮大。

第二部分

都市驱动型乡村振兴的石桥实践

第三章

乡村振兴的历史追溯与发展演变

第一节　引　言

自习近平总书记在党的十九大报告中首次提出乡村振兴战略以来，实施乡村振兴战略已成为新时代我国“三农”工作的总抓手。在第一个百年奋斗目标顺利实现，“三农”工作重心由脱贫攻坚转到全面推进乡村振兴的历史节点上，追溯乡村振兴战略的生成逻辑，展望乡村振兴战略的实现路径，深刻把握其实践经验和时代价值，可以帮助我们更加全面地认识乡村振兴的科学内涵，找出隐藏在历史叙述背后的乡村振兴发展的经验和基本规律，从而为石桥村的乡村振兴实验提供借鉴和启示。

第二节　百年探索：乡村振兴的历史追溯

客观地讲，我们现在实施的乡村振兴战略，在某种程度上是建立在我们假设乡村相较于城市来说是相对衰落的基础之上的。从历史的视角出发，对乡村振兴进行纵向追溯，我们可以清楚地看到乡村振兴其实有着近百年的探索与积累。中国近现代历史进程中的乡村建设并非始于常见论述中 20 世纪20—30 年代以晏阳初、梁漱溟等人物为代表的乡村改造实践，而是发轫于更早的清末民初。甲午中日战争后，社会变革引发了一场以底层和乡土社会为主要空间的建设性实践。19 世纪末 20 世纪初，张謇的“村落主义”及其一系列南通乡村建设实践活动——“经营乡里”成为中国近现代历程中乡村建设的开端。[①] 此后，在中国的百年乡村振兴探索过程中，20 世纪 20—30 年代的乡村建设运动、十六届五中全会提出实施的社会主义新农村建设等有益探索不断涌现，而党的十九大报告正式提出要实施乡村振兴战略，这可以看作乡村振兴战略走向系统化、制度化和理论化的重要标志。

一、发轫阶段：张謇"南通乡村建设"

晚清洋务运动以来，中国农村发展面临着内忧外患的危机。清末科举制的废除使得绅士阶层逐步解体，知识分子日趋边缘化，传统的乡土政治—社会治理模式得以终结，以宗族为本位的乡村自治模式转向以个人为本位的地方自治模式，随之而来的是农村人才和资本的外流。随着重商主义思潮对传统农本思想的冲击，加之国内工商业的迅速崛起，中国社会生活和社会结构出现巨大变动，传统的自给自足经济在帝国主义入侵下趋于崩溃，被纳入资本主义市场体系的中国农村经济遭到了严重破坏。此外，军阀混战和严重灾害加剧了农村社会的动荡不安，乡村陷入了"萧条"之境地、"崩溃"之边缘。[②] 在此背景下，张謇发起了南通乡村建设运动，以"村落主义"和"新新世界"为核心，包括"乡村自治""实业救国""教育救国"等思想，在社会底层和乡土社会进行了一场乡村建设的实践。

张謇（1853—1926 年），字季直，号啬庵，江苏南通人，光绪二十年（1894 年）状元，中国近代实业家、政治家、教育家、书法家，其乡村建设思想和实践主要包含以下几点。

第一，兴办实业、以工促农。张謇"以工促农"发展农村经济，这集中体现在改良土布业上。通海盛产良种棉，为手工纺织业提供了良好的条件，所以通海农民家家以纺织土纱土布为副业。自给之余，土布业逐渐发展成为商品性生产。

第二，乡村自治。张謇积极参与南通地方自治、经营村落。1909 年

---

① 潘家恩．回嵌乡土：现代化进程中的中国乡村建设［M］．北京：中国人民大学出版社，2020：55.

② 王君柏．乡村振兴：早期（1919—1949）的探索与启示［J］．人文杂志，2019（1）：122－128.

自任筹备自治公所议事会正议长，其兄张詧任筹备自治公所董事会副会长。民国初年，张謇与黄炎培等进步知识分子一起成立自治团体——苏社。

第三，乡村教育。从1901年到1925年，20多年时间里，张謇在教育事业上总共花费了240万～250万元，巨额经费来源于大生资本集团以及张謇个人。1902年，张謇在通海垦牧区私资创办南通农业专门学校——农学堂，为农垦事业培养专门人才。农校设有农业研究机构实验场，直接为垦牧建设事业服务。

第四，移风易俗。乡村建设活动中，张謇致力于地方慈善事业，以自己的实践行动发扬中华民族的传统美德，反对赌博和吸食鸦片等恶习，促进乡村社会风气的改进。

二、探索阶段：乡村建设运动

20世纪前半叶，西方现代化的冲击引发中国社会结构全面震荡，作为传统文明形态基础的“乡村”遭遇了极大的破坏而不断衰败，表现出政治失序、经济破产以及文化失调的整体性颓败。[①] 在此背景下，以晏阳初、梁漱溟等为代表的知识分子开始在全国各地积极推动乡村建设运动。

（一）晏阳初乡村建设思想

晏阳初（1890—1990年），四川巴中人，平民教育家和乡村建设家。20世纪30年代，晏阳初深受国内严复、梁启超“化育新民”的“新民说”和法国启蒙运动思想的影响，走出书斋，深入基层社会，在全国范围内大力倡导推行“平民教育”[②]。晏阳初早期开展平民教育运动时，认为中国的大患是民众的愚、贫、弱、私“四大病”，主张通过办平民学校改善民众素质，先教识字，再实施文艺、生计、卫生和公民“四大教育”，

① 叶敬忠．乡村振兴战略：历史沿循、总体布局与路径省思［J］．华南师范大学学报（社会科学版），2018（2）：64-69，191.

② 王建民．平民教育与文化自觉：晏阳初的乡村建设思想及其启示［J］．北京工业大学学报（社会科学版），2020，20（1）：41-46.

以造就“新民”，并主张在农村实现政治、教育、经济、自卫、卫生和礼俗“六大整体建设”，从而达到强国救国的目的，形成了著名的“定县模式”。

第一，“民为邦本，本固邦宁”的乡村建设思想。民本思想源于古代儒家传统的政治哲学思想，寄希望于统治者的德政和恩惠，以自上而下的方式惠及民众。晏阳初在继承了传统儒家民本思想的同时，还积极融通西方民主政治的人本思想，从而形成现代民本思想观，并将之作为乡村改造实验的理论基础。

第二，进行“四大教育”。一是文艺教育，主要是培养农民的知识力，包括平民文学、艺术教育、农村戏剧；二是生计教育，主要是训练农民生计上的现代知识和技术，以增加其生产，同时创设农村合作经营组织、养成国民经济意识与控制经济环境的能力；三是卫生教育，主要是一方面实施卫生教育，另一方面要创建农村医药卫生的制度；四是公民教育，主要是养成人民的公共心与合作精神，在根本上训练其团结力，以提高其道德生活与团结生活。

第三，教育的“三大方式”。一是学校式教育，其中包括初、高级学校的研究实验、除文盲的研究实验、乡村小学的研究实验；二是社会式教育，1931年中华平民教育促进社（平教会）设社会式教育委员会开始此项工作；三是家庭式教育，主要对象是家庭主妇、老人和儿童，以家庭中文化程度最高者为家庭教师。

（二）梁漱溟乡村建设思想

梁漱溟（1893—1988年），原名焕鼎，原籍广西桂林，生于北京，是著名的思想家、哲学家、教育家、社会活动家、爱国人士，现代新儒家的早期代表。梁漱溟的乡建思想经历了由崇尚西洋实用主义思想，到佛家出世思想，再归于中国儒家思想的三次转变。在乡土重建问题的探索上也经历了由“村治、乡治”到“乡村建设”的思想转折。1931年至1937年底，梁漱溟发表了《中国民族自救运动之最后觉悟》（论文集）、《乡村建设理论》等一系列的文章、著作和演讲，系统地阐述了自己从事乡村建设的缘起、性质、目标和手段。梁漱溟被称为“中国最后一位大儒家”，他的乡村建设理论是以儒家思想为先导的，体现了浓厚的保守主义复古倾向和强烈的乡村文化本位价值取向，但他同时也吸取西方文化精华。中国的社会改造和发展，须走“以中国固有精神为主，吸取西洋人的长处”的“中西融合”之路，秉持着“中学为体、西学为用”态度构建了乡村建设理论，形成了著名的“邹平模式”。

第一，“以农立国”的思想。强调先农而后工，农业与工业的结合为均宜的发展。乡村为本，都市为末，乡村和城市互相沟通，互相配合。

第二，政治、教育、经济、安全等方面的实践。政治上，强调地方行政改革；教育上，强调村学、乡学的工作；经济上，强调农业推广与组织的合作；安全上，强调民团和联庄会的发展。

第三，在乡村治理方面的组织建设理论。乡村治理的理论基础是伦理本位合作组织，不是个人本位或社会本位的两个极端。治理的组织是村学、乡学，治理的主体是乡村居民，治理的目标是社会主义，治理的内容是政、教、富、卫。

（三）小结

总的来看，依附于旧政权的乡村建设运动只能寄希望于渐进式的改良道路推行实验，而不能实现全盘的社会主义改造，因此并未触动农民的根本利益，知识分子“动”而农民“不动”的尴尬局面导致晏阳初和梁漱溟等学者推进的乡村建设方案最终都流于失败。

但另一方面，20 世纪 20—30 年代的乡村建设运动，是中国农村社会发展史上一次十分重要的社会运动，为求索乡村振兴之路作出了一定的贡献，这些早期的乡村建设思想对我国今天的乡村振兴仍具有一定的借鉴意义。

第一，乡村建设思想与实践回应了在中国内忧外患、危机重重的大发展大变革背景下中国社会结构的巨大变化，而今日中国同样面临百年未有之大变局，如何在农产品供需错位、“黄箱”农业补贴受到世界贸易组织限制、国内外粮价倒挂、“国粮入库，洋粮入市”等诸多“三农”问题的挑战下实现乡村振兴，仍需从乡村建设运动中汲取营养。

第二，乡村建设运动兼顾优秀的本土思想和外来观念，晏阳初、梁漱溟等人学贯中西，在处理古今中西的问题上做出了重要的尝试，将法国启蒙运动以来的民主平等的思想与中国传统儒家的民本思想结合起来，并将其运用到实践中，为后人做出了重要示范。

第三，晏阳初、梁漱溟等人的乡村建设实验都是涉及社会方方面面的整体性实践，乡村振兴同样也是“全国一盘棋”的整体性制度安排，而非单一的政策下乡、资本下乡，如果忽视了乡土社会的传统而推行片面的、工具性的“项目”式的建设，反而会使我们的乡村更加凋敝。

第四，乡村建设运动强调文化自觉的重要性，他们将文化自觉作为乡村建设乃至强国富民的关键力量。这对于我国推进乡村文化振兴，加强乡土文化传承与保护，最终实现“乡风文明”的总目标具有重要指导意义。

第五，晏阳初、梁漱溟等学者在乡村建设的实践中体现了其艰苦卓绝的勤勉奉献精神，他们坚持走出书斋，深入普通民众的生活中，切实了解乡村社会的实际情况。这对于今天推动乡村振兴战略实施的基层工作者们依然具有强大的激励和表率作用。

三、发展阶段：社会主义新农村建设

中华人民共和国成立以后，我们党面临的首要任务就是如何在满目疮痍和积贫积弱的社会基础上恢复和发展生产力。历经土地改革、农业集体化运动、人民公社运动等乡村发展探索以后，相比 1949 年以前，中国农业发展已经取得了长足的进步。在土地权属方面，通过土地革命和土地改革，新中国废除了持续几千年的封建土地私有制，实现了“耕者有其田”，到 1953 年春，全国 3 亿多农民无偿分得了约 7 亿亩土地和大批生产资料，而且不必每年再向地主缴纳约 3 000 万吨以上粮食的地租；在农业合作化和集体化方面，从 1953 年毛泽东提出“互助合作运动是农村中一切工作的纲，是农村工作的主题”开始，农业合作化运动迅速推进，到 1956 年底，参加合作社的农户已占全国农户的 96.3%，其中参加高级社的农户占全国农户的 87.7%，农业生产关系发生历史性变革；在农业机械化方面，1978 年，我国农业机械总动力达到了 11 749.6 万千瓦，农村用电量达 253.1 亿千瓦小时，与 1949 年以前相比有了巨大的进步，也为改革开放以来经济的腾飞奠定了物质基础。[①]

1978 年 11 月 24 日，安徽凤阳小岗村的 18 位村民签下包干到户的“生死状”。这标志着我国农村开始进行经济和政治体制的改革，为农业农村发展注入了新一轮的制度动力，赋予了农民对土地的经营权，改变了人民公社体制下平均主义的分配方式，极大提高了农民的生产积极性，同时促进了农业生产结构的优化调整，为乡镇企业的发展开辟了广阔道路。

然而，随着社会主义市场经济的深入发展，城乡之间的发展差距也越来越大。世纪之交，“农民真苦、农村真穷、农业真危险”的疾呼惊动总理，反映出深化农村改革势在必行。2002 年以来，党中央连续多年将“多予少取放活”作为做好农民增收工作的指导方针，推进农村税费改革，并于 2006 年正式取消了农业税。在这样的时代背景下，与废除农业税相衔接的“社会主义新农村建设”应运而生。[②]

社会主义新农村建设并不是一个新的概念，20 世纪 50 年代就曾有过类似的提法，但在新的时代背景下，党的十六届五中全会提出的社会主义新农村建设内容更加全面，内涵更加丰富。面临人民日益增长的物质文化需要同落后的社会生产之间的矛盾，社会主义新农村建设提出了“生产发展、生活宽裕、乡风文明、村容整洁、管理民主”的二十字要求，涵盖经济建设、社会建设、文化建设、生态建设、政治建设五个方面。

生产发展，是新农村建设的中心环节，是实现其他目标的物质基础；生活宽裕，是新农村建设的目的，也是衡量我们工作的基本尺度；乡风文明，是农民素质的反映，体现农村精神文明建设的要求；村容整洁，是展现农村新貌的窗口，是实现人与环境和谐发展的必然要求；管理民主，是新农村建设的政治保证，显示了对农民群众政治权利的尊重和维护。要想实现这五个方面的目标，就必须在农村经济、社会、文化、生态和政治等方面持续发力，久久为功。

第一，进行社会主义新农村经济建设。在全面发展农村生产的基础上

① 蒋永穆，卢洋，张晓磊．新中国成立 70 年来中国特色农业现代化内涵演进特征探析［J］．当代经济研究，2019（8）：9－18，113．

② 叶敬忠．乡村振兴战略：历史沿循、总体布局与路径省思［J］．华南师范大学学报（社会科学版），2018（2）：64－69，191．

建立农民增收长效机制，千方百计增加农民收入，实现农民的富裕，努力缩小城乡差距。

第二，进行社会主义新农村社会建设。在加大公共财政对农村公共事业投入的基础上，进一步发展农村的义务教育和职业教育，加强农村医疗卫生体系建设，建立和完善农村社会保障制度，以期实现农村幼有所教、老有所养、病有所医的愿望。

第三，进行社会主义新农村文化建设。在加强农村公共文化建设的基础上，开展多种形式的、体现农村地方特色的群众文化活动，丰富农民群众的精神文化生活。

第四，进行社会主义新农村生态建设。按照人与自然和谐共生的内在要求，坚持绿色低碳发展方向，统筹山水林田湖草沙系统治理，加快推进农业绿色发展和乡村生态振兴，努力实现农业生产方式加快转型，农业面源污染有效遏制，化肥农药使用量持续减少，资源利用效率稳步提高，农村人居环境整体提升，农村生态系统更加稳定，农村生态文明建设取得明显成效。

第五，进行社会主义新农村政治建设。加强农民民主素质教育的基础上切实加强农村基层民主制度建设和农村法制建设，引导农民依法行使自己的民主权利。大力做好法律宣传工作，按照建设社会主义新农村的理念完善我国的法律制度。进一步增强农民的法律意识，提高农民依法维护自己的合法权益、依法行使自己的合法权利的觉悟和能力，努力推进社会主义新农村的整体建设。

总的来说，与民国时期乡村建设实验相比，社会主义新农村建设是在集中的国家政权的驱动下进行农村社会改造的方案，是在全面建设小康社会的关键时期、“以工促农、以城带乡”的新阶段、以人为本与构建和谐社会理念深入人心的新形势下，中央作出的又一个重大决策，是统筹城乡发展，实行“工业反哺农业、城市支持农村”方针的具体化。2011 年粮食总产量达到 57 121 万吨，全年农民人均纯收入达到 6 977 元，农民工月均收入达到 2 049 元，为乡村振兴战略的正式提出打下了坚实的基础。①

① 高云才，冯华，陈仁泽．迎接党的十八大 特刊·农业“三农”发展进入黄金期［N］．人民日报，2012－9－14．

四、成熟阶段：乡村振兴战略

党的十九大报告指出，当前我国社会的主要矛盾已经由“人民日益增长的物质文化需要同落后的社会生产之间的矛盾”转变为“人民日益增长的美好生活需要同不平衡不充分的发展之间的矛盾”。① 中国作为世界第二大经济体，当前的主要任务已经不再是一味追求经济发展的速度，而是着力解决发展不平衡、不充分的问题，尤其是城乡发展不平衡、农业农村发展不充分两大问题。因此，基于对我国社会的主要矛盾以及发展状况的科学研判，党的十九大创新性地提出了乡村振兴战略。②③ 这也标志着，历经百年艰难的探索，我国的乡村振兴思想终于最终走向系统化、制度化和理论化，从“战略”的高度被写入党的重要文件，成为从根本上解决“三农”问题的行动指南和基本纲领。

五、小结

在中国百年乡村发展的历史中，从清朝晚期张謇的南通实验到民国时期的乡村建设运动，再到改革开放以来的社会主义新农村建设和乡村振兴战略，可以清楚地看到乡村振兴从无到有，从量变到质变，中国对乡村振兴的苦苦求索终于在中国特色社会主义新时代下的乡村振兴战略中得到了真正的价值体现。但乡村振兴是一个长期的目标，乡村振兴战略也具有全面性、历史性、现实性、综合性和先进性，随着时代背景的转化、社会结构的变革以及社会的发展，其内容还将不断升级优化。

2021年7月1日，在中国共产党成立100周年的历史节点，习近平总书记在天安门城楼庄严宣告，我们实现了第一个百年奋斗目标，在中华大地上全面建成了小康社会，这标志着未来我国“三农”工作的重心将由脱贫攻坚转化为巩固拓展脱贫攻坚成果同乡村振兴有效衔接，最终实现“农

① 参见《决胜全面建成小康社会夺取新时代中国特色社会主义伟大胜利》，习近平在中国共产党第十九次全国代表大会上的报告，人民网（http：//cpc.people.com.cn），2018年10月28日。

② 葛笑如，刘硕．十九大以来的乡村振兴研究文献综述［J］．山西农业大学学报（社会科学版），2019，18（1）：1－8.

③ 李洁，王静．新时代我国乡村振兴战略研究综述［J］．智库时代，2018（42）：1－2.

业强、农村美、农民富”的目标。因此，对乡村振兴的科学内涵和理论脉络进行重新梳理，对乡村振兴未来的实现路径进行深刻分析就显得尤为必要。

第三节　面向“十四五”：乡村振兴的新发展

一、乡村振兴的新内涵

“产业兴旺、生态宜居、乡风文明、治理有效、生活富裕”是乡村振兴战略的总要求，与2005年党的十六届五中全会提出的建设社会主义新农村的“生产发展、生活宽裕、乡风文明、村容整洁、管理民主”的“二十字”方针相比，乡村振兴战略在经济、环境、文化、社会、民生五个方面都提出了新的、更高的要求①，可以看作社会主义新农村建设的“升级版”，具体体现在发展议题的转换和要求的提升。

在经济建设方面，乡村振兴战略以“产业兴旺”替代“生产发展”。这表明乡村的发展已经有了一定的经济基础，乡村振兴战略在社会主义新农村建设战略上继续推进产业兴旺，目的是为乡村振兴发展的物质基础提供持久的动力。将“产业兴旺”摆在二十字要求的首位，也体现了产业兴旺是解决农村的一切问题的前提。乡村的繁荣发展离不开兴旺发达的产业支撑，乡村振兴的第一要务就是促进一二三产业融合发展，加快农村产业结构的转型升级，推进构建具有市场竞争力而又能够持续发展的现代化产业体系，为乡村的全面振兴提供坚实的产业基础支撑。

在生态建设方面，乡村振兴战略以“生态宜居”替代“村容整洁”。村容整洁只是村庄外在环境的一个评价，而生态宜居则被赋予了更多的内涵。一方面，生态宜居更加强调农民内在生活质量的评价，更加注重农民的舒适度和幸福感，也是“绿水青山就是金山银山”重要论断的深刻体现。通过对生态保护、生态产权、生态交易、生态利益等体制机制进行改革创新，“生态宜居”可以与“产业兴旺”和“生活富裕”有机衔接，是发展乡村文旅、促进农民增收的重要源泉；另一方面，生态宜居的农村环

① 黄祖辉．准确把握中国乡村振兴战略［J］．中国农村经济，2018（4）：2-12.

境不仅造福农民，也将使乡村成为城市居民“望得见山、看得见水、记得住乡愁”的向往地和宜居地，体现了新时代城乡融合发展的科学内涵。[①]

在文化建设方面，乡村振兴战略和社会主义新农村建设都强调“乡风文明”。按照社会主义精神文明建设的总要求，物质文明和精神文明“两手抓，两手都要硬”。建设文明乡村，促进文明乡风，不仅能够让生活在乡村的人们和谐相处，还能通过改善人际关系降低经济活动的交易成本，提高经济效率，从而促进产业兴旺和生活富裕。[②]

在政治建设方面，乡村振兴战略以“治理有效”替代“管理民主”。相比起“管理民主”，“治理有效”一方面体现了对村庄内部主体性和自组织性的重视，强调以内部村“两委”的自我“治理”替代外部乡镇政府对村庄的“管理”；另一方面又体现了从程序正义到结果导向的工作思路转变，不仅要求治理方式的科学民主，还要求治理结果更加有效，这与国家治理体系和治理能力现代化的总体要求也是一脉相承的。[③]

在社会建设方面，乡村振兴战略以“生活富裕”替代“生活宽裕”。无论是生活富裕还是宽裕，二者都始终坚持“以人民为中心”的发展思想，使农民成为乡村振兴的主体。相比之下，“生活富裕”对农民收入、消费能力提出了更高的要求，意味着在乡村振兴中，农民不仅将解决温饱的需求，还将拥有更多获得感，生活更加美好。

二、乡村振兴的新路径

“产业兴旺、生态宜居、乡风文明、治理有效、生活富裕”是乡村振兴战略的总要求，而具体的实现路径则是“建立健全城乡融合发展体制机制和政策体系，加快推进农业农村现代化”。中央农村工作领导小组原副组长陈锡文指出，党的十九大报告中提及“加快推进农业农村现代化”，这是在党的重要文件、党代会的报告或其他的重要文件中第一次出现，因

① 欧万彬．“新时代城乡融合发展”的内涵解读与实践要求［J］．北方论丛，2020（3）：37－44.

② 党国英．乡村振兴长策思考［J］．农村工作通讯，2017（21）：13－15.

③ 闫坤．乡村振兴战略的时代意义与实践路径［J］．中国社会科学，2018（9）：11.

此具有格外重大的意义。[①] 2018 年中央 1 号文件将其纳入实施乡村振兴战略的指导思想，而 2021 年中央 1 号文件更是将其提升到做好新发展阶段“三农”工作指导思想的战略高度。将农业农村现代化作为乡村振兴的实现路径，是由解决“三农”问题的历史逻辑、理论逻辑、现实逻辑决定的，对实现乡村振兴，促进我国实现从“农业大国”向“农业强国”的跨越具有巨大的推动作用。[②] 下文将从乡村如何振兴（生产资料、生产关系、生产力三个方面）、谁来振兴、为谁振兴三个方面对新时代农业农村现代化思想进行梳理。

（一）如何振兴

要实现乡村振兴，就要处理好生产资料问题。土地是农业生产最重要、最根本的生产资料。新时代的土地问题在历经土地集体化、“两权分离”、家庭联产承包责任制等多轮制度变革以后，形势十分复杂。数量上，我国作为一个人多地少的国家，户均耕地 7 亩左右，只有世界平均水平的 1/4，发达国家的 1/40[③]，并且还面临着耕地“非农化”、基本农田“非粮化”问题；质量上，全国耕地质量平均等别仅为 9.96 等（共 15 等），中低等耕地占全国耕地面积近七成[④]。面对这些问题，我们必须深化农村土地制度改革，切实保护耕地。一方面，要深化农村土地制度改革。随着我国工业化和城镇化不断推进，大量农村人口进城务工，实行家庭联产承包责任制的过程中出现了“小生产模式不利于耕种管理，农民短期行为比较严重”[⑤] 等问题，因此，在守住土地所有制性质不改变、耕地红线不突破、农民利益不受损三条底线的前提下，党中央创造性地作出了“三权分

---

① 陈锡文．实施乡村振兴战略，推进农业农村现代化［J］．中国农业大学学报（社会科学版），2018，35（1）：5－12.

② 刘武根．坚持农业现代化与农村现代化一体设计、一并推进的三重逻辑［J］．中国农业文摘—农业工程，2021，33（3）：6.

③ 傅泽强，蔡运龙，杨友孝，等．中国粮食安全与耕地资源变化的相关分析［J］．自然资源学报，2001（4）：313－319.

④ 国土资源部．国土资源部关于发布 2016 年全国耕地质量等别更新评价主要数据成果的公告［EB/OL］．（2017－12－26）［2017－12－21］．http：//g. mnr. gov. cn/201712/t20171226 _ 1711147. html.

⑤ 习近平．摆脱贫困［M］．福州：福建人民出版社，1992.

置”改革的战略部署。截至 2020 年，全国已有 1 239 个县（市、区）、18 731个乡镇建立农村土地经营权流转服务中心，家庭承包耕地流转面积超过 5.55 亿亩。[①] 实践证明，“三权分置”改革“顺应农民保留土地承包权、流转土地经营权的愿望”，是“农村改革又一重大制度创新”[②]，为农业现代化注入了新的活力。另一方面，要切实保护耕地，“要像保护文物那样来做，甚至要像保护大熊猫那样来做”[③]。2021 年中央 1 号文件强调，“坚决守住 18 亿亩耕地红线。……严格实行土地用途管制。……落实最严格的耕地保护制度。……坚决遏制耕地‘非农化’、防止‘非粮化’”。尤其需要指出的是，我国采取的耕地保护路径是实现“藏粮于地、藏粮于技”，即不是一味追求增产，而是科学合理利用耕地资源，在粮食供过于求时，采取轮作休耕来减少粮食生产数量，粮食紧缺时又将这些土地迅速用于生产粮食，通过耕地的增减维持粮食供求的大体平衡，以种地养地结合的方式保护地力，体现了党中央对乡村振兴战略的长远布局。

要实现乡村振兴，还要处理好生产关系问题。在社会主义建设的探索时期，我国曾掀起了轰轰烈烈的农业合作化运动，尽管由于运动中“左”倾冒进的错误等原因，合作化运动最终失败，但这并不表明合作化的道路是错误的。[④] 改革开放初期，政府对农业生产组织的设想由大跃进时期的“越大越好”急剧转变为“越小越好”，反而出现了矫枉过正的问题，暴露出了小农生产的一系列缺点。[⑤] 马克思指出，小农经济是小块土地所有制基础上的小生产，就其性质来说，是“排斥社会劳动生产力的发展、劳动的社会形式、资本的社会积聚、大规模的畜牧和科学的累进的应用”[⑥]，不仅无法应用现代化的农业生产手段和工具，“反而把耕作者本人变成顽

① 侯建斌．聚焦“十三五”成就｜农地三权分置助农业加速迈向现代化［N］．法治日报，2020-10-9.

② 中共中央文献研究室编．十八大以来重要文献选编（上）［M］．北京：中央文献出版社，2014：670.

③ 中共中央文献研究室编．十八大以来重要文献选编（上）［M］．北京：中央文献出版社，2014：663.

④ 沈红梅，霍有光．马克思恩格斯农业合作化理论在中国的历史实践及基本经验［J］．华中农业大学学报（社会科学版），2014（5）：91-97.

⑤ 黄宗智．长江三角洲小农家庭与乡村发展［M］．北京：中华书局，2000：274.

⑥ 马克思．资本论：第3卷［M］．北京：人民出版社，2004：912.

固反对社会进步，尤其是反对土地国有化的敌人”①。因此，新时代农业农村现代化思想继续坚持合作化、组织化的发展路径，吸收恰亚诺夫“因事而异的适度规模”的理念，创新性地提出“适度规模经营”，并且将其提到了“建设现代农业的前进方向和必由之路”的高度，积极探索促进小农户和现代农业发展有机衔接，壮大新型农业经营主体，推进农业适度规模经营的道路。

要实现乡村振兴，最关键的是要处理好生产力问题。马克思指出，“人们所达到的生产力的总和决定着社会状况”②。乡村振兴战略和新时代农业农村现代化思想牢牢把握住“生产力逻辑”，以解放和发展农村生产力为一条贯穿始终的逻辑主线。③ 1949 年以来，由于刘易斯式的“二元经济发展模式”，城乡、工农之间并不平衡，农业发展只能依靠土地、劳动力等传统生产要素拉动；④ 改革开放以后，家庭联产承包责任制为农业注入新的动力，但 40 年来，这一制度红利也已消耗殆尽。⑤ 站在发展动力青黄不接的历史节点上，党中央学习美国经济学家西奥多·舒尔茨改造传统农业的“内涵式路径”思想⑥，在 2016 年提出要“以科技为支撑走内涵式现代农业发展道路”，尤其指出，要发展农业科技，就必须壮大农业科技人才队伍，要将农业科技创新的主体由科研院所扩展到返乡农民工、科技特派员、家庭农场、农民合作社等⑦，推动大众创业、万众创新，推动农业生产力的质性突破。

（二）谁来振兴

在世界经济发展史上，工业化和城镇化的快速推进总会带来农业劳动

---

① 马克思，恩格斯．马克思恩格斯选集：第 3 卷［M］．北京：人民出版社，1995：128.

② 马克思，恩格斯．德意志意识形态［M］．北京：人民出版社，1961.

③ 郑兴明．习近平农业现代化思想的四重维度［J］．求索，2017（9）：38－44.

④ 王英姿．中国现代农业发展要重视舒尔茨模式［J］．农业经济问题，2014，35（2）：41－44.

⑤ 胡祎，陈芳，易建勇，等．中国农业科技创新现状及其存在的问题与对策［J］．食品与机械，2017，33（1）：209－212.

⑥ Theodore W. Schultz，Theodore William，梁小民．改造传统农业［M］．北京：商务印书馆，2006.

⑦ 见国务院办公厅《关于推进农业高新技术产业示范区建设发展的指导意见》（国办发〔2018〕4 号）。

力的减少。从长期来看，更多的人从繁重的农业体力劳动中被解放出来，无疑是社会进步的体现，但在短期内其对农业生产所造成的影响却不可忽视。与改革开放以前相比，新时代农业发展面临着农业劳动力质、量降低这一全新问题。2003 年，我国第一产业劳动力占劳动力总人口比重还高达 49.1%，到 2019 年，该指标就下降到了 23%①，并且，农村劳动力的转移呈现“男多女少，壮年优先”的趋势②，意味着流失的农业劳动力不仅数量大，而且质量较高，农村空心化严重，“谁来振兴”的问题亟待解决。

新时代农业农村现代化思想针对这一新问题给出的解决方案是，通过农业补贴政策改革保障农民利益，让农民“有利可图”。目前，我国的农业补贴可分为直接补贴、价格支持政策和农业综合服务三大类，存在着补贴边际效益递减③、补贴对象识别不精准④⑤、补贴方式尚未充分与国际接轨等问题。近年来，中央 1 号文件中对直接补贴的提法由“建立”变为“健全”，再变为“落实和完善”；对价格支持政策的提法则由“继续执行”和“坚持”变为“坚持并完善”，再变为“完善”和“调整”；对农业保险的提法由“健全政策性农业保险制度”变为“加快建立多层次农业保险体系”；试点的保险也从普通的“价格保险”逐步过渡为今天的“订单农业＋保险＋期货（权）”“保险＋期货”等新模式试点。这些变化反映出农业补贴正在逐步退出价格支持政策，转而构建以直接补贴和农业保险为主的新型农业支持保护政策体系，以减轻财政负担、提高农民收入，体现了新时代农业农村现代化思想以市场手段为主的调控方法和以农民为本的核心立场。

---

① 数据来源：《2020 中国统计年鉴》。

② 盖庆恩，朱喜，史清华．劳动力转移对中国农业生产的影响［J］．经济学（季刊），2014，13（3）：1147－1170.

③ 周静．我国粮食补贴：政策演进、体系构成及优化路径［J］．西北农林科技大学学报（社会科学版），2020，20（6）：88－93.

④ 张建杰．粮食主产区农户粮作经营行为及其政策效应［J］．中国农村经济，2008（6）：46－54.

⑤ 胡小平，星焱．新形势下中国粮食安全的战略选择：“中国粮食安全形势与对策研讨会”综述［J］．中国农村经济，2012（1）：92－96.

（三）为谁振兴

中国共产党自成立之初就把“全心全意为人民服务”的宗旨融入血脉。十八大以来，党中央在推进农业农村现代化进程中始终以农民利益为出发点和落脚点。面对城乡居民收入差距，习近平强调，“要更加重视促进农民增收，让广大农民都过上幸福美满的好日子，一个都不能少，一户都不能落”[①]；针对部分地区发生的征地风波，他指出，“不管怎么改，……都不能把农民利益损害了”[②]；针对近年来各地蓬勃兴起的乡村产业，他更是关切地强调，“发展现代特色农业和文化旅游业，必须贯彻以人民为中心的发展思想，突出农民主体地位，把保障农民利益放在第一位”[③]。因此，乡村振兴战略和新时代农业农村现代化思想对“为谁振兴”这一问题的回答始终是：坚持农民主体地位，把农民摆在乡村振兴的核心位置，最终“让农民成为有吸引力的职业”。

总而言之，乡村振兴战略是对百年乡村发展过程中内容和方法的批判性继承和发展，从纵向追溯的视角分析乡村建设的历史叙事，重新梳理近现代以来乡村建设的基本脉络，可以帮助我们更加全面地认识乡村建设的发展历程，准确把握乡村振兴的理论逻辑。乡村振兴是对乡村价值在中国现代化发展进程的再次定位，它不仅是乡村的振兴，更是国家和民族的振兴。在历史的车轮滚滚前行的道路上，乡村振兴将会不断优化，不断完善，永不止步。

---

① 2014 年 12 月习近平在江苏省调研时的讲话。

② 2016 年 4 月习近平在安徽凤阳县小岗村主持召开农村改革座谈会时的讲话。

③ 2020 年 6 月习近平在银川市贺兰县稻渔空间乡村生态观光园考察时的讲话。

第四章

石桥村都市驱动型乡村振兴实验机制概览

第一节 引 言

回望乡村振兴的百年历史，不同时期、不同学派有志于促进乡村发展和建设的学者均对乡村振兴的实践路径提出了自己的思考和建议。自2017年党的十九大报告正式提出乡村振兴战略以来，学界讨论的声音更是百家争鸣、激荡不休。在此背景下，在昆明市开展都市驱动型乡村振兴实验，其价值和意义不但在于促进一地一村一时的发展，更在于探索出具有可推广性、可复制性的乡村振兴战略机制，为全国乡村振兴工作的全面推进提供可供参考的经验材料和理论借鉴。

自2019年9月石桥村入选实验村庄以来，实验团队和全体村民开展涉农资金整合统筹、康养休闲旅游产业提升与利益联结、政府引导与村民自治为一体的乡村善治、乡村能人带动集聚乡村人才、盘活闲置集体用地和农房等项目实验活动。在各项工作推进过程中，实验团队也围绕实验目标，设计了一系列研究，既对现有的乡村发展改革经验进行了梳理，又对石桥村的实践作出了总结与思考，最终基于实践经验形成了都市驱动型乡村振兴的“石桥机制”，分别为产业增值与收益留村机制、新农人新村民的培育机制、闲置土地资源处置盘活机制、村政服务和乡村善治机制、乡村特色文化传承保护机制、乡村生态资源价值实现机制。本章对石桥机制及其实践效果进行了提纲挈领的简要介绍，以下各章将分别对其进行详细介绍。

第二节　都市驱动型乡村振兴的“石桥机制”

一、产业增值与收益留村机制

通过将康养休闲旅游产业从南西桥公司向村庄延伸，在增强产业增值的同时更加注重村民利益，石桥村形成并完善了村集体与南西桥公司的利益分配机制，实现了促进村民致富和村集体经济壮大的双重效果。

如何能够将经营企业利益、村民利益和村集体利益实现有机捆绑并促进三方的共赢，是考验企业经营机制和利益联结机制的关键所在。石桥村基于优越的地理位置和交通条件，2014 年创办了九峰草莓合作社，发展出乡村旅游的雏形。2015 年，由 54 户村民入股 510 万元，富民县产投公司入股 490 万元，共同成立混合制的南西桥公司，通过开发南西桥公司进一步发展康养旅游产业。2019 年以来，在石桥村创新实验工作的推动下，南西桥公司的康养休闲旅游产业的基础设施持续完善，业态不断丰富，资产规模从最初的 1 000 万元增加到了近 6 000 万元。石桥村庄内进行了村容村貌美化绿化、农户庭院改造、农房墙体彩绘、滇中传统民居迁建、高端民宿打造、民俗农家乐运营等实验项目活动。石桥村创新实验工作在推动南西桥公司壮大的同时，也在探索如何将村集体和村民的利益纳入其中，并且形成村集体和村民稳定持续收益的机制。2022 年，石桥村民小组、参与民宿经营的村民与南西桥公司形成了利益的持续联结机制，进而能够确保石桥村民小组的集体财力的增强，形成除股东分红之外的产业利益哺农的新渠道。

二、新农人、新村民的培育机制

为促进实现乡村能人带动下形成本土人才和外来人才集聚效应，解决乡村产业发展的人才瓶颈，石桥村形成了新农人、新村民的培育机制，广纳贤才，培育良才，有效填补了乡村发展的治理性和经营性人才缺口。

乡村能人是乡村产业发展的重要驱动力，但是如何能够基于乡村能人形成产业发展的人才集聚效应，是需要探索的。2015 年，石桥村乡村能人徐建昌带头创办南西桥公司。他主动关停了自家经营的民俗农家乐，将全部精力投入公司的发展建设和石桥村的乡村振兴事业中。徐建昌依托村集体经济和乡土资源，发挥石桥村的交通区位优势，大力发展康养休闲旅游产业，持续壮大公司的资产规模。2021 年，南西桥公司出纳张素芳入选中国农业大学—腾讯为村乡村 CEO 计划。通过集中培训、线上课程、实习培训、实地考察等方式，她参与公司运营的业务能力得到快速提升。中国农业大学专家团队对石桥村实施“一对一”挂钩指导，为徐建昌和张素芳提供持续的指导和支持。2023 年 2 月，张素芳顺利完成全部课程和实训，顺利结业并获得“最具奉献奖”称号。同时，为推动南西桥公司更好发展，公司聘请了具有丰富酒店管理经验的两位职业经理人，将现代的康养休闲旅游产业管理的经验引入石桥村，提升了公司的专业化运营水平，并开发康养休闲旅游产业的多样业态。

三、闲置土地资源处置盘活机制

通过盘活闲置的村内集体用地以及农房，积极整合对接外部资源，石桥村形成了闲置土地资源处置盘活机制，将闲置土地开发为具有文化、住宿、观光、农旅等多种用途的新型资源，腾笼换鸟，激活土地，为康养休闲旅游产业提供了更多的拓展空间。

如何能够将村集体的闲置空间和村民闲置的农房盘活，关键在于明确乡村产业发展对建设空间的需求。石桥村创新实验工作在提升康养休闲旅游产业的发展质量之后，将产业布局拓展到了村庄内部，为盘活闲置的村庄建设用地和农房提供了可能性。石桥村创新实验积极盘活村内闲置的集体用地，将富民县城白依庵街的一座传统四合院“滇中一颗印”易地搬迁至村内，将其命名为九峰书院。九峰书院承载了滇中建筑文化积淀和九峰山民俗风情，既增强了村庄历史积淀，作为石桥村多元文化交流平台，又可以建设成为高端民宿。另外，实验还盘清了村内宅基地权属情况，确定对 2 户农户进行民宿样板户改造，统一规划，统一装修，统一要求，盘活为新业态。四合院高端民宿和农户民宿均由南西桥公司统一运营和管理，形成公司、村集体和村民共同认可的分红机制，三方共赢，增加农民收益的同时，壮大村集体组织。

同时，南西桥公司侧面的山坡等闲置土地也被利用起来，建设了1个占地100亩的李子观光采摘基地和20亩左右的七彩花海。种植的食用玫瑰、油菜花等花卉品种7～8个，不仅可供游客观赏，还能用于制作鲜花饼。后期，石桥村创新实验工作还将进一步盘活村集体闲置低效的资产，如村内的集体老厂房、待客处等。

四、村政服务和乡村善治机制

通过“政府引导＋村民自治”，石桥村形成了村政服务和乡村善治机制，既有效整合利用了市、县、街道等多级行政主体的治理资源，又充分激发了石桥村村民的建设热情和村庄发展的内生动力，为村庄发展和村政服务提供了有力保障。

乡村如何解决一盘散沙的局面，关键要解决村民凝聚力的问题。石桥村创新实验工作通过基层政府导入规范制度以及村民自发形成的自治制度，借助于石桥村民小组强有力的执行处罚态度，形成了良好的民主治理氛围。2020年11月，永定街道党工委、办事处为了加快石桥村创新实验工作的进度，推出了“3＋8”工作机制，党工委书记李晓吉兼任中共南营村党总支第一书记，派出党建指导员、制度建设员、文化宣传员、项目指导员、项目策划员、规划绘图员、工程指导员、资金指导员“八大员”进驻石桥村，促进南营村委会、石桥村民小组、南西桥公司以及村民代表等形成合力，全面保障和推进了石桥村创新实验工作。在此基础之上，由“八大员”与村民共同制定并向村集体征求意见，再由村民大会表决通过九项乡村善治制度：《石桥村党员联系户制度》《石桥村一会四议两公开一监督工作制度》《石桥村集体“三资”管理制度》《石桥村卫生保洁制度》《石桥村建房管理制度》《石桥村土地资源管护开发利用管理办法》《石桥村老宅和宅基地使用权登记备案方案》《石桥村森林资源开发利用管护制度》《石桥村水资源开发利用和管护制度》。更为重要的是，石桥村具有良好的自治传统，2020年进行了村规民约的第4次修订，形成了《石桥村村规民约》。这一章程既可以约束村民行为，同时也是村民参与村庄决策的重要依据。通过以《石桥村村规民约》为统领的十个专项制度，实现对村庄发展、村务管理、民主决策、资源开发保护等方面的全约定。石桥村创新实验工作为了推进实验区项目建设，在村内组建了12名成员的项目组和5名成员的财务组。这些成员由石桥村民小组的干部和村民代表组成。项目组主要是对实验项目的竞标方进行筛选以及后续的项目实施管理，财务组主要负责项目资金的报账工作。石桥村创新实验工作为了动员村民参与，组织全村村民召开的村民大会就达18次，形成村民参与实验决策的机制。此外，村民参与基础设施、人居环境、栽花种树、产业发展等各项目工作，全村村民都参与了庭院绿化美化和每月最后一天的义务大扫除活动。

五、乡村特色文化传承保护机制

以传统文化为核心、悠久历史为底色、党建文化为引领、集体经济为依托，石桥村探索出了一条独特的乡村特色文化传承保护机制，既拓展了乡村旅游发展的文化底蕴和内涵，又留住了乡愁，保护了传统文化，丰富了村民的精神文化生活。

乡村振兴，文化先行，传承、保护和创新利用乡村特色文化是乡村振兴的题中应有之义。石桥村创新实验工作深刻认识到文化与经济的辩证关系：文化资源是乡村旅游可持续发展的重要优势，兴旺发达的集体经济是保护和传承乡村文化的有力保障。以南西桥公司为依托，石桥村通过温泉酒店、禅意庭院和“滇中一颗印”三大核心抓手，明确了“康旅石桥”的乡村旅游发展定位。所谓“康旅石桥”，是指“康养＋农旅”，即将石桥村内的九峰山西华禅寺、九峰书院、特色温泉项目和佛教文化（如参禅、礼佛、沐浴）等结合，主打“康养”名片，同时充分利用七彩花海、草莓基地、共享农场等其他资源，体现“农旅”色彩，发展乡村旅游，实现乡村振兴。针对历史文化的传承保护，自实验开展以来，石桥村和项目组十分重视挖掘石桥历史、讲好石桥故事，一同着手进行村志村史的编纂工作。从茶马古道到太平天国运动、再到改革开放以来的经济社会变迁都被一一记录下来，作为宝贵的精神文化遗产代代相传。党建方面，石桥村历来有党员带头、争做先锋的优良传统，如党员每月组织“大扫除”活动，在村内形成了良好的表率和示范。实验开展以来，石桥村还形成了党建文化建设的新思路，打造党建宣传长廊和宣传墙，举办形式多样、主题鲜明的党建活动，建立起党员积分制和责任清单制，进一步发挥党员的先锋模范作用和基层党组织的战斗堡垒作用，为乡村发展注入持续动力。

六、乡村生态资源价值实现机制

以村民大会为组织引领，通过文旅产业与生态资源的协同发展，石桥村将温泉地热、闲置土地等特色自然生态资源有效整合，投入公司市场化运作，并制定完备详细的生态资源利用规范制度，形成了乡村生态资源价值实现机制，探索出了“绿水青山”和“金山银山”互为基础、有机转化的石桥模式。

在乡村振兴的五大总体要求中，产业兴旺是乡村振兴的重点，生态宜居是乡村振兴的关键，开发利用乡村生态资源，有利于将生态宜居与产业兴旺充分结合，构建人与自然和谐共生的乡村发展新格局。石桥村创新实验工作顺应城乡居民消费拓展升级的趋势，盘活乡村生态资源，深入挖掘生态资源的生态涵养、休闲观光、文化体验、健康养老等服务功能和多元价值。在实验过程中，石桥村充分发挥“一会四议两公开”的基层自治协商体制和“政府号召、党建引领、公司运作、群众参与”基本模式的功能，强化坚守“专家组-市-县-街道-村委会”互联互通、协同工作的五级协作联动机制，利用南西桥公司的市场化运营优势，与村集体、村民个体共同发展，通过“专业合作社＋集体经济”的方式丰富实验村经营性产业运营模式，通过建立产销专业合作社的形式加强一三产业融合发展，构建涵盖政府、集体、公司、村民在内的多元主体的“合作体”，创新推动实现“资源变资产、资金变股金、村民变股民”的三变改革，不断建立健全生态价值转化体制机制，创新生态资源价值实现形式，探索生态资源多元化高效益发展路径。具体来说，石桥村充分利用特色的温泉地热资源，于2021年招标勘探公司在村内进行温泉勘探，成功在1 400米左右深度勘探出了一处新的盐矿温泉。依托温泉酒店，南西桥公司可为村民提供总计约50个包括客房服务、餐饮服务、卫生保洁、安保等在内的长期固定性就业岗位，不同岗位工资在1 800～4 000元，便于村民就地就业，切实提高石桥村村民就业水平。为强化生态资源价值实现的制度保障，石桥村还制定了《石桥村卫生保洁制度》《石桥村森林资源开发利用管护制度》《石桥村水资源开发利用和管护制度》《石桥村土地资源管护开发利用管理办法》等管理条例，规定每月进行大扫除，不定期举行植树造林活动，组织庭院绿化美化工作，开展“最美庭院”评比，同时对村内人居环境进行改造，粉刷房屋外立面，利用彩色的视觉冲击力形成了“七彩石桥”的亮丽名片，为“百姓富、生态美”的可持续发展奠定了良好基础。

第三节　石桥机制的实践成果

2017 年，党的十九大报告提出“产业兴旺、生态宜居、乡风文明、治理有效、生活富裕”的乡村振兴总方针。都市驱动型乡村振兴创新实验开展以来，在各级领导的亲切关怀和全体村民的共同努力之下，石桥村实验机制成果初现，在乡村振兴五个主要方面的各项工作都取得了重要进展。

在产业兴旺方面，石桥村通过“党支部＋村民入股＋政府投入＋公司运营”的模式，实现了资源变资产，村民变股民，壮大了村集体经济，筑牢了实体产业支撑。目前，村内集体经济发展良好，南西桥公司已经成为集民俗文化开发、乡村生态旅游、农业观光体验、康养休闲度假于一体的乡村休闲旅游康养基地和昆明市乡村旅游、休闲度假的新亮点，为约 60 位村民就近就业提供了岗位，就业村民每人年均工资 3.6 万元，每年工资收入共计 216 万元，日可接待游客 1 000 余人，日营业额最高达到 15 万元，年接待游客达到 10 万人次。2020 年，在疫情影响的特殊情况下，南西桥公司营业额仍达 530 万元，创造了 120 万元的收益。2022 年南西桥公司营业额达到 725 万元，利润达到 245 万元，经营状况愈发可期。

在生态宜居方面，石桥村开展了月末大扫除、庭院绿化美化、村庄公共环境绿化美化等多项活动。经过全体村民共同努力，村内实现了污水处理全覆盖，改造房屋外立面 6 300 平方米，建立起照片墙 2 面、景观花台 1 座。村内 70 多株三角梅、40 多株月季花、20 多株炮仗花整齐排列，迎风挺立。七彩石桥，一步一景。并且，石桥村自然条件优越，除了丰富的温泉地热资源以外，几乎每个季节都有水果收获，从3～4月的樱桃到5～6月的杨梅，再到7～8月的晚熟桃、9～10月的苹果梨。因此，石桥村充分利用得天独厚的生态资源，建立起了草莓种植采摘基地、温泉酒店，探索出了乡村生态资源价值实现的独特路径。

在乡风文明方面，石桥村的村规民约在2020年迎来第4次修订，最新修订的《石桥村村规民约》全文近9 000字，内容涵盖村民自治组织办法、石桥村规章制度体系、石桥村社会治理规定、公共设施使用及保护规定、精神文明建设、人口管理规定、村民权利义务规定、违反村规民约的后果等方面，体系完整，贯彻有效，树起了邻里和睦、守望相助之风。同时，“党员联系户”制度将农户按“网格化”分成若干小组，由1名党员确定4～7户农户作为联户对象，党员上联支部、下联农户，架起了党群“连心桥”。目前，村内邻里关系融洽，干群关系和谐，大操大办、高额彩礼、铺张浪费等不良风气慢慢消失。

在治理有效方面，石桥村在昆明市委、都市驱动型乡村振兴创新实验区领导小组的指导下，创新形成了“专家组—市—县—街道—村委会”五级联动的工作机制，在促进上下级工作信息交流、提升工作信息透明度、及时贯彻落实上级指导意见、快速反馈在实践中遇到的新问题方面有积极作用，形成了不同层级之间相互支持、密切配合的信息汇集大平台。在五级联动的基础上，街道层级发挥主力作用，编派由街道书记、副书记、副主任、“八大员”等人员组成的“3＋8”驻村工作队，对石桥村在党建、规划、土地利用、资源分配等不同领域实践中遇到的问题进行实地指导，强化了村级在推进改革任务时的信心。石桥村在完善制度建设中也不甘示弱，其村规民约非常规范，村民认可度高且执行性强，通过“一会四议两公开”制度表决形成了有关石桥村未来发展的“十项制度”，强化了石桥村治理有效的制度保障。

在生活富裕方面，石桥村兴旺的集体经济为村民增收提供了重要保障。石桥村集体股份制经营收益采取“二次分红”制度，每年南西桥公司总利润的80％是作为一次分配的金额，对于当初投资入股的股东按照入股的本金额度来进行分红。剩下的20％的总利润则是作为集体分红，面向全村，进行成员股的分红。村内不少村民通过土地入股，盘活了闲置土地资源，成为南西桥公司的股东，同时又是南西桥公司的员工，家庭月收入 1 万元以上，日子过得红红火火。

目前，石桥村项目进展顺利，各项工作任务稳步推进，已经完成了特色四合院民宿主体建设，完成了村内环境卫生整治、美化绿化、七彩花海景观、照片墙安装等建设内容，组织领导机制和村民自治机制逐步建立完善，后续建设有序推进。2021 年 4 月 26 日，云南省文化和旅游厅发布公示，石桥村正式被评为云南省级旅游名村。2022 年，石桥村集体经济收入达到 23 万元，“康旅石桥”战略定位再上一层，石桥乡村振兴未来可期。

第五章

利益联结：产业增值与收益留村

第一节　引　　言

2020年，我国历史性地消灭了绝对贫困，解决了全体农民的温饱问题，农村基础设施也基本完善。如何焕发农业农村新活力，带动农民增收致富成为乡村进一步发展的重要问题。在此背景下，乡村振兴战略从国家战略的高度，提出“促进农村一二三产业融合发展，支持和鼓励农民就业创业，拓宽增收渠道”的实施方案，进一步指明，要实现乡村产业振兴，关键在于走好产业融合发展的道路。①

目前，在国家政策的大力支持和经济发展的正向环境之下，许多村庄通过发展乡村旅游、智慧农业等产业已经在一定程度上实现了产业增值，然而，其现有实现产业增值的途径及主体大部分是公司或者合作社。虽然合作社与公司的确能够集中一部分的资源实现产业增值，但是利益留村却一直是被忽视的问题。市场和资本利益主体的利润分割方面，农户和乡村的利益一直受到剥夺，很多合作社事实上起不到保障农户和乡村利益的作用，仅仅变成一种合同和契约的形式。造成这个问题的原因主要有两点：第一，合作社严重缺乏专业性人才，不懂如何运营、拓宽市场、增加业务和利润分配等；第二，村民的参与性不足，合作社的很多骨干都是村干

① 周立，李彦岩，王彩虹，等．乡村振兴战略中的产业融合和六次产业发展［J］．新疆师范大学学报（哲学社会科学版），2018，39（3）：16－24.

部，代表性不足，很多情况下合作社所要做的事并非农民感兴趣的事情，而农民感兴趣的事情合作社做不了。

因此，探索什么样的机制能够确保在外来资本技术的冲击下，村内的产业和资产经营的收益不会被外部资本所垄断，确保处于弱势的村集体和农户在开展市场交易的过程中利益能够得到保障，便成为产业增值和收益留村的一个核心和关键问题。将产业增值与利益留村作为都市驱动型乡村振兴实验的一项主要机制进行研究，具有十分重要的理论意义和实践价值。

第二节　产业增值收益留村的研究进展与政策安排

一、学术视角下的研究进展

乡村要振兴，重点是产业要兴旺，对此，学界对乡村产业振兴的实践路径和形式进行了广泛而深入的研究。韩长赋认为产业兴旺就是现代农业产业体系形成，一二三产业融合发展，农业农村经济发展活力旺盛。[①] 黄祖辉认为乡村产业兴旺的内容不应该局限在农业发展上，应着重促进一二三产业融合、功能多样、质量取胜的现代农业的产业兴旺。[②] 宋洪远[③]、叶兴庆[④]在研究乡村产业兴旺时重点关注了粮食安全、农业产业发展、一二三产业融合发展以及规模经营与小农户关系四个方面。李国祥认为，产业兴旺和新型城镇化都是我国现代化经济体系，应该相互促进，在解决“三农”问题上协同发力。[⑤] 而对于如何实现乡村产业兴旺，朱启臻提出产业兴旺应结合农民和乡村外部环境，除满足国家农业粮食安全保证外，立足于农民个体本身，促进农民增收和乡村社会进步，不能单纯理解为乡村产业经济的快速增长和对国民经济增长贡献的提升。乡村产业兴旺是乡

① 韩长赋．大力实施乡村振兴战略［J］．中国农技推广，2017（12）：70－72.

② 黄祖辉．准确把握中国乡村振兴战略［J］．中国农村经济，2018（4）：2－12.

③ 宋洪远．实施乡村振兴战略的五点思考［J］．吉林农业，2018（2）：12－14.

④ 叶兴庆．新时代中国乡村振兴战略论纲［J］．改革，2018（1）：65－73.

⑤ 李国祥．实现乡村产业兴旺必须正确认识和处理的若干重大关系［J］．中州学刊，2018（1）：32－38.

村多元经济相互渗透、融合的发展状态，乡村产业兴旺具体包括产业构成多样性、产业内容的综合性、产业要素的整体性。[①] 周阳敏等认为产业兴旺的具体内涵涉及四个方面，具体包括：农业现代化，现代农业产业、生产、经营三种体系，农村一二三产业融合，农产品质量安全。[②] 任常青认为乡村产业兴旺是农业综合生产能力达到高水平稳定后，对农业质量、效益和产业链优化的进一步要求，同时配套政策体制改革化解农业供给侧不足困境，调整产品结构体系和生产方式，将农业做大、做强、做优。[③] 对于评价产业兴旺的标准，柯炳生认为衡量乡村产业振兴的标准有以下几个维度：生产能力要强、单产水平要高、产品质量要好、生产效率要高、资源利用率要高、多功能性要发挥好和生态保护要做好。[④]

叶敬忠等认为小农户和现代农业发展的有机衔接是在充分发挥小农户的生产力的基础上，通过形成与新型农业经营主体及现代农业生产力的合力，促进乡村产业振兴。[⑤] 李铜山等提出小农户和现代农业发展有机衔接是指两者之间相互关联、联结和协调，并形成“你中有我，我中有你”的经营发展模式。[⑥] 姜长云提出要疏通优质资源、高端要素和现代产业组织方式进入农业农村的通道，发挥服务组织对促进小农户与现代农业发展有机衔接的领航效应和载体功能。[⑦] 宋建平认为，深入推进小农户与现代农业衔接顺应了我国经济发展态势，符合农业发展的一般规律，是增加农民收入、繁荣农村经济的必由之路。[⑧] 在小农户与现代农业衔接的方式方面，郭春丽等提倡农业应实行适度规模经营，加大创新，发展现代化农业

---

① 朱启臻．乡村振兴背景下的乡村产业：产业兴旺的一种社会学解释［J］．中国农业大学学报（社会科学版）2018，35（3）：7.

② 周阳敏，桑乾坤．乡村振兴战略背景下产业兴旺问题研究［J］．河南工业大学学报（社会科学版），2018，14（6）：6.

③ 任常青．产业兴旺的基础、制约与制度性供给研究［J］．学术界，2018（7）：15－25.

④ 柯炳生．一二三产业融合能让农民更多地参与增值分配［J］．农村工作通讯，2018（13）：1.

⑤ 叶敬忠，张明皓．“小农户”与“小农”之辩：基于“小农户”的生产力振兴和“小农”的生产关系振兴［J］．南京农业大学学报（社会科学版），2019，19（1）：13.

⑥ 李铜山，张迪．实现小农户和现代农业发展有机衔接研究［J］．中州学刊，2019（8）：7.

⑦ 姜长云．用发展农业社会化服务解开加快农业农村现代化的密码［J］．中国发展观察，2021（16）：39－41.

⑧ 宋建平．推动小农户与现代农业衔接的理论与政策分析［J］．生产力研究，2019（10）：8.

经营主体，促使小农户向新型农业经营主体转变。① 张露等认为我国最优的农业经营模式是从分散化小农经营方式转变为适度规模专业化经营，可以提高农业产出效率。② 贺雪峰认为，培育一些适度规模经营的新型农业产业，可以有效地解决当前农业经营规模小、组织化程度低、经营方式分散等问题。③ 蒋永穆等认为可以通过加快发展合作社来实现推进小农户与现代农业有机衔接，提升合作社的发展水平可以更好地提高小农户在农业生产经营方面较为薄弱的组织化水平。④ 孔祥智等认为可以通过提升农业的组织化水平来实现衔接，组织化可以为小农户提供服务，保障农户更好适应我国现代化农业发展过程，让小农户更好融入其中。⑤ 在影响小农户与现代农业衔接的因素方面，黄祖辉等认为分散的小农户面临着自然和市场的双重风险，我国农产品供应链在很多方面的发展仍存在不平衡的现象，在价值增值和利益分配等方面仍存在提升的空间。⑥ 张成宝等认为，我国小农户在市场经济中处于弱势地位，小农户发展存在权力不充分、发展机会不平等、享受现代农业成果不充分等问题，直接影响了小农户与资本市场的有效对接，必须进一步增强小农户在市场中的竞争力。⑦ 蒋永穆等认为，新时代我国为了实现农业现代化的发展，应该着眼于改变小农户发展思维模式，提升小农户的综合素质水平，锻炼小农户成为高素质农民的能力，实现小农户自身水平的提升是推进小农户与现代农业有机衔接的保障。⑧

对上述文献进行归纳总结可以得出，产业增值收益留村机制可分为两

① 郭春丽，赵国杰．基于成员异质性的农民专业合作社知识管理模式的研究［J］．电子科技大学学报（社会科学版），2010，12（2）：6-10.

② 张露，罗必良．小农生产如何融入现代农业发展轨道?：来自中国小麦主产区的经验证据［J］．经济研究，2018，53（12）：17.

③ 贺雪峰．关于“中国式小农经济”的几点认识［J］．南京农业大学学报（社会科学版），2013（6）：6.

④ 蒋永穆，刘虔．新时代乡村振兴战略下的小农户发展［J］．求索，2018（2）：59-65.

⑤ 孔祥智，穆娜娜．实现小农户与现代农业发展的有机衔接［J］．农村经济，2018（2）：7.

⑥ 黄祖辉，梁巧．小农户参与大市场的集体行动：以浙江省箬横西瓜合作社为例的分析［J］．农业经济问题，2007（9）：6.

⑦ 张成宝，翁贞林，赵德贵，等．鄱阳湖生态经济区农户农机需求影响因素分析：基于273户农户的调研［J］．农机化研究，2012（4）：5.

⑧ 蒋永穆，刘虔．新时代乡村振兴战略下的小农户发展［J］．求索，2018（2）：7.

个部分，一是产业增值，二是收益留村，两者相互补充，有机统一。其内涵是指农户和村集体在实现产业增值的同时确保其在收入价值链中占有相当的份额。收益留村包括两个层次的含义，一是利益留给农户，二是利益留在村集体。在研究重点上，已有文献大多是从乡村产业兴旺的视角切入开展相关研究，对于产业发展的研究更多集中于产业融合方面，对于利益留村的相关研究则更多体现在小农户与现代农业有机衔接的领域内。因此，探索在都市驱动型乡村振兴模式中，什么样的机制能够确保在外来资本技术的冲击下，村内的产业和资产经营的收益不会被外部资本所垄断，确保处于弱势的村集体和农户在展开市场交易的过程中利益能够得到保障，成了一个亟待研究的关键问题。

二、实践视角下的政策安排

以人民为中心的发展理念始终是我党一切工作的出发点与落脚点。这一理念在乡村振兴中最直接的体现就是以农民为中心，以农民利益为中心，农民要成为这个过程的主要受益者，这是产业增值收益留村机制的政治认识。我国的农业发展在面对市场风险时存在分散性和小农经营的缺陷，农民的收入处于整个收入价值链的最低端，同时农民的土地、宅基地以及有关生态资源所产生的价值因为自身对政策不了解等原因更容易在城市化过程中受到损害。产业增值收益留村机制探索的主要目的就是通过推动乡村产业发展，构建乡村产业与农户的利益联结机制，实现收益留村，带动村民增收致富。近年来，党中央和国务院出台了一系列的政策来推动农村地区产业融合发展，实现小农户与现代农业发展有机衔接。

2015 年中央 1 号文件第一次提出“推进农村一二三产业融合发展”的新思路，乡村产业发展开始走向产业融合发展道路。[①] 2015 年 12 月，国务院办公厅印发《关于推进农村一二三产业融合发展的指导意见》，强调要通过农村的三产融合发展促进农业增效、农民增收和农村繁荣，为国

① 周立，李彦岩，王彩虹，等．乡村振兴战略中的产业融合和六次产业发展［J］．新疆师范大学学报（哲学社会科学版），2018，39（3）：16－24.

民经济持续健康发展和全面建成小康社会提供重要支撑。2016 年底，全国确定137 个县作为推进农村产业融合发展试点示范县。2018 年中央 1 号文件进一步重点提出加强对农业的投资，加快产业振兴的步伐和农村产业融合发展。农村产业融合已经成为中国农业发展的必然趋势，通过发挥二三产业的优势，创造更多的就业机会，进一步推动农业现代化发展，拓宽农民的增收渠道。《中共中共　国务院关于实施乡村振兴战略的意见》中明确，到 2020 年，乡村振兴取得重要进展，制度框架和政策体系基本形成，农业综合生产能力稳步提升，农业供给体系质量明显提高，农村一二三产业融合发展水平进一步提升。提出构建农村一二三产业融合发展体系，大力开发农业多种功能，延长产业链、提升价值链、完善利益链，通过保底分红、股份合作、利润返还等多种形式，让农民合理分享全产业链增值收益。此后，国家各部门都出台相应政策支持农村三产融合发展：国家发展改革委、工业和信息化部支持国家农村产业融合发展示范园创建，国土资源部给予农村产业融合和发展用地保障支持，中国农村发展银行提供政策性金融支持，等。这使得农村产业融合发展进入了一个新的发展时期。党的十九大报告提出了乡村振兴战略，10 句话的政策阐述，让坚持农业农村优先发展、加快推进农业农村现代化成为新时代中国农村发展的政策主线。2021 年 3 月《中华人民共和国国民经济和社会发展第十四个五年规划和 2035 年远景目标纲要》中将推进农村一二三产业融合发展作为丰富乡村经济业态的主要途径之一，提出要发展县域经济就应该实现产业融合发展，通过“资源变资产、资金变股金、农民变股东”，让农民分享更多产业增值收益。

党的十九大提出实施乡村振兴战略的重大决策部署，明确指出要实现小农户和现代农业发展有机衔接。2018 年 4 月，《关于构建现代农业体系深化农业供给侧结构性改革工作情况的报告》中就提到针对普通小农户的增收渠道并不多，在脱贫攻坚背景下需要出台促进小农户和现代农业发展有机衔接的政策意见，引导新型农业经营主体与小农户建立紧密利益联结机制，从而带动和扶持小农户发展。而在新时期背景下，《乡村振兴战略规划（2018—2020 年）》第十三章第四节“促进小农户生产和现代农业发展有机衔接”中指出，“发展多样化的联合与合作，提升小农户组织化程度。鼓励新型经营主体与小农户建立契约型、股权型利益联结机制，带动小农户专业化生产，提高小农户自我发展能力”；第十七章“完善紧密型利益联结机制”中提到，通过提高农民参与程度、创新收益分享模式和强化政府扶持引导等方式，健全联农带农有效激励机制，让农民更多分享产业融合发展的增值收益。可以看出国家对小农户和现代农业发展有机衔接工作的重视程度，在经济发展背景下不仅仅关注产业发展，更关注小农户如何在大背景下获得收益。未来，乡村振兴和产业发展，要形成“效益产生—效益衔接—效益分享”的完整链接，让农户分享乡村振兴的成果。为了更好地推进相关工作，2019 年 2 月国家出台了《关于促进小农户和现代农业发展有机衔接的意见》，对相关工作的推进给予了明确的指导。2019 年 6 月《国务院关于促进乡村产业振兴的指导意见》中两次提到小农户参与产业发展问题，鼓励发展小农户参与的农业产业化联合体，引导农业企业与小农户建立契约型、分红型、股权型等合作方式，把利益分配重点向产业链上游倾斜，促进农民持续增收。可以看出产业振兴重点关注小农户群体，维护小农户群体的合法权益，以达到持续增收的目标。而在新发展阶段，2021 年 3 月《中华人民共和国国民经济和社会发展第十四个五年规划和 2035 年远景目标纲要》提出：“发展多种形式适度规模经营，加快培育家庭农场、农民合作社等新型农业经营主体，健全农业专业化社会化服务体系，实现小农户与现代农业有机衔接。”2021 年 4 月《中华人民共和国乡村振兴促进法》第二章重点围绕产业发展展开，并在第十二条中指出：“各级人民政府应当坚持以农民为主体，以乡村优势特色资源为依托，支持、促进农村一二三产业融合发展，推动建立现代农业产业体系、生产体系和经营体系，推进数字乡村建设，培育新产业、新业态、新模式和新型农业经营主体，促进小农户和现代农业发展有机衔接。”

第三节 实验前石桥村面临的产业发展困境

石桥村在产业增值和利益留村方面的发展基础较为良好，其产业分布主要如表 5－1 所示。2013 年以前，石桥村的产业寥寥无几，村民的收入来源都以种植苞谷、水稻等作物和外出务工为主，种植这些作物收益低且比较辛苦。为此，2013 年，石桥村为了解决村民买菜需要去县城，路程远、不方便的难题，决定在本村建立一个农贸市场，售卖新鲜蔬菜和水果，这个项目得到了政府“幸福乡村”项目 200 万元的帮扶资金支持。在这笔资金的基础上，村干部又召开村民大会，以集资入股的方式募集了 254 股，每股 2 000 元，共计 50.8 万元的股金，同时还成立了股份制公司。自此，石桥村村集体开始对第一个村集体经济产业——农贸市场的收入进行分红。这个项目的成功，奠定了石桥村集体股份制经营的良好基础，每年的分红极大地激励了农户的入股意愿，石桥村集体股份制经营模式初见雏形。

表 5-1　石桥村主要产业情况

产业类型	时间	收益情况	数量
种植水稻、苞谷、洋芋、蚕豆等作物	土地流转之前	2 000 元/（亩·年）	201 亩
石桥农贸市场	2013 年	分红 10%/年	共入了 254 股，每股 2 000 元，总计 50.8 万元
九峰草莓产销专业合作社	2014 年	租金 1 500 元/（亩·年）	120 亩
食用金边玫瑰	2015 年	20 000 元/（亩·年）	50 亩
李子基地	2016 年	租金 1 500 元/（亩·年）	100 亩
南西桥公司	2018 年	净利润 120 万元/年	1 000 万元

2014 年，石桥村通过土地流转入股的方式建立了草莓基地，年销量达 33 吨，销售额 150 万元。2015 年，南西桥公司项目启动，石桥村本土能人徐建昌担任董事长，在多方力量的参与下，成立了“富民南西桥旅游文化开发有限公司”，总投资达 1 000 万元。其中，在农贸市场入股分红取得良好效果的示范下，石桥村先后共有 54 户农户入股，占比 51%；富民县产投公司投资入股 490 万元，占比 49%。至此，石桥村已经形成了较为稳定和成熟的村集体股份制经营模式，该模式也使村民资

产、资金和资源收益最大限度地留存于村内。目前，南西桥公司正在稳步运营，并且还拓宽了经营范围，由原先的温泉酒店发展为如今涵盖会议、马场、宴席、篝火晚会、七彩花海、儿童乐园等各个方面的综合休闲度假区，已经可以实现月营业额 60 万元、净利润 10 万元的产业收益。目前公司经营面临的最主要的问题就是还未形成完整的“公司—农户”利益分配机制，在公司投资、分红、决策、管理、监督方面还没有形成相应的制度规范。虽然在发展思路上具备了利益留村的意识，但是相应的硬性制度规范还未形成。

尽管石桥村的产业发展已经有了良好基础，产业结构逐渐多元，产业主体逐渐丰富，因为这些产业和农户的联结还不是很紧密，所以产业发展提升和可持续发展还存在着一定的困难。

一、闲置资产增收困难

通过梳理石桥村的土地利用情况（表 5－2），发现石桥村待盘活的闲置资产还是比较多的，普遍存在增收困难的情况。一方面，闲置资产较多，但本身条件较差，无形中给盘活增加了难度。石桥村的闲置资产包括公共闲置资产和农户闲置资产两类，又细分为完全闲置和部分闲置两种情况。首先，公共闲置资产有 4.5 亩（约 700 平方米）间断闲置的村庄公用活动中心，现在主要用做红白喜事的场地，每年的使用天数仅 20 天左右。另外，有 5.6 亩闲置的小游园。其次，农户闲置资产主要有完全闲置的农房、部分闲置的农房和房前屋后利用度不高的空间。村内完全闲置的农房大概有 20 栋左右，一般为农户新建房屋后闲置的老宅。部分闲置的农房是村民自己正在居住但仍有富余的空间，村内有约 50 户家里有两三间空置的房间，每间面积有 12 平方米左右。房前屋后利用率不高的空间每家都有 0.5～1 亩。这些闲置的资产在一定程度上都面临着不好盘活的现状。另一方面，闲置资产盘活过程中农户个体与集体的关系、农户集体与外部投资者的关系复杂，许多矛盾难以调和。不过应坚持的核心原则是要维护农民的基本权益，任何盘活活动都需要保证农民的收益不受到损害，不得损害农民宅基地的使用权。资产的收益要在农户、集体和资产经营者之间形成平衡的分配关系。

表 5-2　石桥村土地利用情况

序号	土地类型	面积	备　注
1	农地	201 亩	主要种植苞谷、水稻；流转出一部分种植李子、草莓、玫瑰
2	低效利用林地	50 亩	大部分闲置，流转出一部分种植李子、草莓、玫瑰
3	宅基地	90 亩	包括全村住房庭院等
4	原养猪场	2 亩	2025 年到期，土地产权属于集体，土地承包给郭志忠个人
5	富民县豪贵能源加工厂	8 户人家土地	土地承包给个人，工厂共流转 8 户人家土地，每 2 年付一次租金，2008 年起承包，当时租金 800 元/亩，每年租金上涨一点，2020 年租金 900 元/亩，2028 年到期（现一亩土地的市场价格大概 1 800 元）
6	村集体土地	50 亩	农贸市场 8.3 亩；小游园 5.6 亩；闲置坡地 4 亩；云南神彪科技有限公司（以下简称“烤火器厂”）、野生菌厂房、坡地 30 亩

二、村民参与性不足

村民的配合度不高，村民的经营意识和主体意识有待进一步加强。首先，许多村民对于闲置的资产没有经营的意识，没有发现闲置资产的价值所在，这些都需要经历一个“唤醒—带动”的过程：打造样板民宿唤醒农户的经营意识，带动农户开展闲置农房的改造升级。在样板民宿的经营带动下，进一步协助其他农户进行闲置农房改造，使其融入“生态田园+温泉休闲度假村”的统一规划。其次，村民参与度不高。以目前石桥村发展规模最大的公司南西桥公司招聘为例，现在公司在餐饮、会议、客房、水区各个方面都有招收服务员的需求，工资一个月 3 000 元，但是“地方水土不养地方人”，本村的村民很少选择在公司工作，主要是因为工资福利待遇缺乏竞争力。石桥村地理位置优越，距离富民县城和昆明市近，很多人选择外出务工，一个月的工资 5 000 元左右，远远超出在南西桥公司工作的工资。本村村民自己的参与度不高导致本村产业留村却没有真正达到带农富农的效果。

三、产业带农效果不明显

此前，南西桥公司正处于投资建设期，需要投入大量的资金，获得的营业额还不足以支撑分红，因此，公司自2018年成立以来的4年都没能兑现分红。村集体和村民长期看不到收益，信心受挫，对南西桥公司的发展持怀疑态度，南西桥公司再想动员村民入股也会存在很大的困难。此外，2020年之前，南西桥公司都是由董事长徐建昌一个人在管理，随着规模的不断扩大、业务量的不断增多，徐建昌也渐渐感到心有余而力不足。2020年5月，徐建昌从外面聘请了2位具有管理经验的高管来负责南西桥公司的运营。在管理的过程中，因为之前南西桥公司没有注重企业文化的建设以及一些规章制度的建设，还是出现了管理难度大、人员变动频繁等问题。一些村民在这次调整中由于自身能力不能满足企业的发展而被辞退，这一变动在一定程度上引起了村民的不满，对于南西桥公司的心理认同感有所降低。

第四节　产业增值收益留村的石桥实践

农民是都市驱动型乡村振兴创新实验的执行主体和受益主体，在实验过程中始终坚持把村民受益作为基本出发点，着力增强农民参与度和联结度，推动乡村产业增值和利益留村，真正通过实验达到农民收益提高的效果。石桥村在建设过程中以此为出发点，建立起农户乡村利益流通机制，创新收益分享模式，努力实现产业融合发展的增值收益惠及乡村、惠及农民，以利益流通机制多方面保障农民持续受惠、持续增收，最终实现生活富裕的重要目的。

在6个实验村中，石桥村最大的优势特点就是拥有一家由本村能人经营的乡镇企业，为村庄的发展提供了十分有利的条件。因此，在石桥村实验的重点就是如何将企业的利益与村集体、村民联结起来，如何依托企业来带动村庄的发展，如何更大程度地发挥企业带农富农的作用。经过当地村民、地方政府与专家团队等多方力量的共同努力，目前，通过“能人牵引＋村民入股＋政府投入＋公司运营”，实现了石桥村“资源变资产”和

“农民变股东”，为富民县提供了乡村振兴的典型样板。在实验中主要总结出了村集体股份制经营模式、能人带动村集体发展模式以及项目建设利益留村模式三种创新经验。

一、村集体股份制经营模式

石桥村目前采用股份合作的形式成立了石桥村级农贸市场股份合作社、九峰草莓合作社、南西桥公司等合作社和企业，这种以入股分红为核心的方式，展开了“土地变资产”“村民变股民”的股份经济合作探索之路。其中，村集体入股分红的主要方式是：首先要区分好都市驱动型乡村振兴创新实验区项目财政资金投入南西桥公司的部分，明晰为村集体产权所有，作为村集体产权入股南西桥公司的股本，使石桥村所有户籍村民成为企业股东。村民方面收益方式是按照财政资金所占南西桥公司股份的比例，每年参与企业收益分红，村集体方面由村民小组党支部书记、村民小组组长、村民代表每年参与一次南西桥公司股东大会协商收益分红，分红为村集体所有。村集体可通过“四议两公开”程序决议村集体分红所得收益的用途、分配、管理（案例5-1）。村民入股的主要方式是：石桥村村民入股南西桥公司，村民变股民，通过企业发展运作每年按照入股比例向入股村民分红。收益方式是入股村民按每年南西桥公司项目收益的10%进行分红，也可根据企业收益情况，入股村民作为股东通过股东大会协商利润分配（案例5-2）。收益分配是入股村民每年收益分红由村民个人进行分配。

南西桥公司会堂、餐厅

石桥村村集体的农贸市场和南西桥公司中，村民的股份必须要占半数以上，外来资金可以入股但不能成为最大股东，外来投资者不享有对公司发展的决策权，这个权力要牢牢地放在村民的手里。石桥村集体股份制经营收益采取“二次分红”制度：第一次分配是“按户分”总利润的80%；第二次分配是“按人分”总利润的20%，惠及了由于各种原因没有入股的村民。

案例5-1：

村集体入股农贸市场分红

2013年，村集体通过入股分红的方式筹资建设农贸市场，解决村民路程远买菜难的问题。经过多次开会讨论入股金额、分红方案，考虑到村民每家每户的实际情况不同，秉持着人人可入股，多有多入，少有少入的原则，将每股价格定为2 000元，一人最多入10股，从而保证更多的村民入股后得到分红。分红的方案是按每股10%分红，即一股可分红200元。2013年起开始入股，共计入股254股，每股2 000元，总计50.8万元。农贸市场2013年开始运营，已于2014年10月开始分红，一直持续至今。

案例5-2：

村民入股南西桥公司分红

2015年6月9日，在富民县产投公司入股支持下，石桥村54户村民集资入股成立村集体企业南西桥公司，村民占股51%，是目前石桥村主要的村集体经济发展企业，南西桥公司采用“股份合作+公司化”经营的方式，独立核算、自主经营、自负盈亏、民主管理，目前形成了吃住行游购娱一体化的多功能景区。自2018年4月28日正式运营以来，由于处于发展初期，一直处在投资尚未盈余阶段，因此4年来还未能兑现对于入股股民的实际分红，前些年每年只能以每户分发48张温泉票（外人单独购买 48 元一张，内部价格为 30 元）、用餐 9 折优惠以及住宿 128 元/晚作为股民福利。未来 5 年，南西桥公司计划要聘请专业发展规划人员，编制南西桥公司五年发展规划。围绕把南西桥公司打造成为昆明市乡村旅游行业的领跑企业和云南省乡村振兴旅游休闲旅游度假示范地的目标，通过转变旅游发展方位、全面提升产业素质、采取品牌战略、创新企业管理模式、强化旅游服务质量等具体措施，打造以乡村观光旅游为核心，康养健身、休闲娱乐、教育培训一体化的田园综合体，建设经济效益、社会效益、生态效益显著的生态文化旅游综合体验园。相信随着公司的发展壮大，也将带动村民增收致富，助力石桥乡村振兴。

二、能人带动村集体发展模式

徐建昌是石桥村本村人，早年从事建筑行业，是石桥村第一位经营农家乐的村民。多年外出务工创业经历让他积累了不少办企业、经营企业的经验，是村里最早富裕起来的人，也是村民眼中的“大能人”。在他的带动之下，石桥村的村民们过上了好日子。作为一位乡村能人，徐建昌充分体现了乡村能人对于乡村振兴发展的重要作用，通过自己的勇敢尝试、大胆创新，凭借算账的能力对石桥的发展作出了巨大的贡献。

2011 年，从外地回家乡，一心想要改变家乡的面貌，希望村民们都能过上好日子的徐建昌当选了南营村村委会主任。带着在外多年积攒的经验、资金及人脉，怀着改变家乡的面貌、希望村民们都能过上好日子的初心，徐建昌创新采用入股分红的方式带领村民建起了南营村农贸市场、九峰草莓合作社等集体经济产业，为石桥村民带来了丰厚的收益。为了进一步壮大集体经济，为村民谋取更大的福利，徐建昌提出石桥村应该依托昆明主城消费市场，依托交通便利、九峰山文化底蕴深厚的优势，把握富民县“山水园林卫星城，休闲康养目的地”的发展定位，发展一家集餐饮住宿、休闲康养、文化娱乐于一体的乡村文旅休闲康养公司。这个想法一经提出，就得到了以村民小组组长徐正云为代表的石桥村民的认可和支持，南西桥公司乡村旅游项目的规划建设、村民入股、盘活闲置土地等工作随即展开。

为了全身心投入南西桥公司的筹建工作，徐建昌主动关停了自家的农家乐，将个人所有的建筑及设备无偿或低价提供到南西桥公司乡村旅游项目中使用，并带头入股177万元，成为该公司最大的股东。“要把南西桥打造成富民乡村旅游的品牌，造福我们石桥村民和子孙后代。”在徐建昌的带动下，包括村民小组党支部书记徐建坤、村民小组组长徐正云在内的石桥能人，积极投身南西桥公司的建设和推动村集体经济的发展，在组织项目施工、一线指挥工程建设以及监督项目质量标准等工作中以身作则，充分发挥个人才能，为村集体经济发展贡献自己的力量。

石桥村能人徐建昌

在草莓基地和农贸市场的良好示范效应，以及徐建昌等乡村能人的带动下，村民们怀着信心和希望积极入股南西桥公司。村民小组组长徐正云入股10万元，村民徐田信入股30万元，村民陈翠英入股25万元，村民朱自何入股1万元……入股30万元的徐田信是最早入股的村民之一，他以前从事汽车修理行业，后来开大车，每月收入2万元左右，为了支持乡村旅游发展，徐田信放弃了开大车的工作，到南西桥公司休闲园负责水电管理和维护工作，每个月工资4 000多元，他说：“村旅游项目有利于乡村经济的发展，有利于村民增加收入，作为石桥村村民，大家看好的事，当然要支持。”今年80岁的陈翠英入股25万元，作为石桥村曾经的生产队队长，她一直非常支持石桥村发展经济产业的相关事宜，她说：“当年入股时有些村民不愿意，我还去劝，徐建昌能站出来带着大家一起干，对村民来说，是件好事。”村民们的积极参与让徐建昌既感动又欣慰，他当着全部村民的面立下誓言："南西桥公司不盈利，我自己不拿一分钱的工资。村民入股不足的部分，全部由我来补齐。"

直到2015年，石桥村68户村民中有54户村民入股南西桥公司，成为真正的股东，筹措资金510万元。通过村民入股、富民县产投公司入股投资、银行融资、上级产业扶持项目资金投入等累计筹资2 000余万元，集餐饮住宿、休闲娱乐、田园观光、户外拓展、特色林果采摘于一体的南西桥公司正式成立，2018年4月正式开始运营。虽然直到2022年村民们的投入还未获得收益，但是徐建昌一心为企业发展做出的努力和贡献村民都是看在眼里的。因此，最近两年公司在发展过程中，需要不断投入资金的时候，徐田信和很多村民依然愿意积极想办法帮助企业渡过难关，他们通过银行"整村授信"，以农民个人信用贷款投入公司扩建。2019年，徐田信以个人名义贷款15万元投资入股南西桥公司。近期，又有多位村民着手办理贷款。陈翠英还准备将家里闲置的住房拿出来，补充到公司的民宿资源开发中。村民们看着游客量和公司资产不断增加，心里都是满满的希望。石桥村集体经济的发展壮大，促进了村民的就近就业。南西桥公司为石桥村60位村民就近就业提供了岗位，就业村民每人年均工资3.6万元，每年工资收入共计216万元。村民时春梅一家入股30万元，她和丈夫、儿媳既是休闲园的股东，又是休闲园的员工，3人每月工资1万元以上，家庭年增加就业收入10万元以上。时春梅说："村里还有很多这样的家庭。"

目前，南西桥公司能够全方位提供旅游接待、会务服务、特色餐饮、烧烤小吃、棋牌娱乐、温泉泳池、户外活动、拓展训练、田园观光、特色林果采摘等服务，已经成为集民俗文化开发、乡村生态旅游、农业观光体验、康养休闲度假为一体的乡村旅游康养基地和昆明市乡村旅游、休闲度假的新亮点，日可接待游客1 000余人，日营业额最高达到15万元，年接待游客达到10万人次。南西桥公司已被列为富民县干部、党员现场教学基地，接待市、县培训班现场教学和县、镇（街道）、村（社区）观摩交流学习共18次。2020年，在新冠肺炎疫情影响的特殊情况下，南西桥公司营业额仍达530万元，创造了120万元的收益；2022年，南西桥公司营业额725万元，利润达到245万元，真正带领村民走上了致富路。

在能人徐建昌的带领下，南西桥公司从最初的零散种植，逐步发展成为具有一定规模的种植基地，再以基地为基点，向外辐射发展成为集健康养生、农产品销售加工、商务活动于一体的生态休闲园。石桥村旨在打造乡村旅游发展模式，建立集合吃住行娱乐一体化的“一条龙”式服务，通过能人带动实现乡村振兴。南西桥公司作为带动石桥村发展的主要动力势必会助力石桥的快速发展，而石桥村具有的政策优势也会对南西桥公司的发展具有推动作用，因此，石桥村和南西桥公司相互促进，共同发展。

南西桥公司泼水节

南西桥公司篝火晚会

三、项目资源倾斜带动发展模式

昆明市—中国农业大学都市驱动型乡村振兴实验项目在石桥村的实

施，为石桥村的发展带来了很多机遇。为确保项目资金的有效使用，永定街道石桥村都市驱动型乡村振兴创新实验区建设领导小组办公室出台了《永定街道石桥村都市驱动型乡村振兴创新实验区项目建设管理办法（试行）》，规定村级项目实行村集体自建机制，村级项目的所有权、使用权归村集体和村民所有，建设权也归村集体和村民所有，由村集体作为村级项目建设实施主体，村民自选、自建、自管、自用，实行民主管理和政府监管服务的农村公共建设投资监管机制，村级组织为村级项目实施的责任主体。项目资源倾斜带动产业增值、利益留村，主要表现在通过打造特色民宿增加村集体、村民收入，以及建设项目承包由本村村民优先两个方面。

在民宿打造方面，实验区项目建设目前已经完成了小游园精品民宿四合院的修复改造，计划升级改造的 3 户农户民宿也正在施工建设中。建设完成后，四合院与 3 户民宿都将由村集体与南西桥公司协商共同运营，由南西桥公司进行统一经营管理，产生旅游民宿消费收益，形成示范带动作用。通过南西桥公司直接带动农户参与产业发展，企业带动农户发展民宿产业，农户将房屋改造装修成民宿。由南西桥公司与开设民宿的农户进行协议合作，南西桥公司进行农户民宿统一装修、统一管理、业务培训、客流引入和基础服务，与农户共同协商收益分配比例。通过民宿产业的发展，间接带动农户发展其他配套产业，完善村内餐饮、文娱服务设施，在村内开设咖啡厅、小吃店、酒吧等餐饮服务场所以及发展特色种植养殖业产销农业特色产品，带动休闲、观光为一体的康养旅游业发展。通过这种模式，农户的收益方式主要有三种：一是项目建设的产权归村集体所有的小游园精品民宿四合院和改造后农户民宿收益，经村集体与南西桥公司协商后，制定管理使用规定、分配利润比例，获得集体收益；二是带动石桥村农户自行改造房屋打造民宿，通过与南西桥公司签订合作协议，改造房屋、开设民宿获得租金受益；三是通过配套产业发展，创造就业岗位、增加农产品附加值，直接带动农户经营性收入增长。对于这些收益的分配，一是产权归集体所有的小游园精品民宿四合院和改造后农户民宿产生的收益经村集体与南西桥公司协商后制定分配利润比例，村集体收益部分由村集体按照“四议两公开”程序决议收益资金的管理、分配和使用；二是农户自行改造房屋后与南西桥公司合作协商开设民宿产生的收益，利润分配部分为农户个人所得，由个人自由分配；三是通过配套产业发展实现的经营性收入完全为农户个人经营所得，由个人自由分配。

在项目承包方面，实验村在建设发展过程中，有许多的建设项目，如利用小游园闲置宅基地盘活的四合院的拆除复建、道路硬化、污水管道改造、村庄外立面美化改造等等。对于这些项目，石桥村本着利益留村的原则，根据项目涉及金额、项目技术要求、项目难度采用不同的建设方式：10 万元以下的项目全程由村集体自建；10 万～50 万元的项目经“四议两公开”程序后，可以由村集体自行组织实施或进行劳务发包、技术发包或完全发包；50 万元以上的项目采取招投标的方式进行建设。石桥村内有很多村民具有在外开货车、开挖机、建筑施工等工作经验，通过这样的方式，可以最大限度地把项目建设交给自己村的村民来做，既能保证项目的质量，又保证了利益留村。截至 2022 年 7 月，石桥村分年度实施各种类型项目，已整合项目资金（国有公司入股、“整村授信”贷款、土地承包经营权抵押贷款、疫情复工信贷、“人居环境整治”资金、旅游厕所资金、群众体育资金、水利设施建设资金、马拉河谷三旅融合资金）约1 996万元，对村庄进行了整体性建设，不仅保证了利益留村收益增值，还改善了村庄基础设施，美化了人居环境。

第五节　产业增值收益留村的石桥经验与挑战

一、经验总结

石桥村始终坚持把使农民更多分享增值收益作为产业兴旺基本出发点，以康养休闲旅游产业为载体，创新发展模式，将旅游产业从南西桥公司向村庄延伸，在促进产业增值的同时更加注重村民利益，着力增强农民参与融合能力，推动要素跨界配置和产业有机融合，让农村一二三产业在融合发展中同步升级、同步增值、同步受益。在本土企业南西桥公司的带动下，石桥村将着力培育出乡村的新产业、新业态，以及农民参与、利益融合不断增强的石桥村产业发展新模式；创新石桥村收益分成模式，健全联农带农有效激励机制，带动整个石桥村的村民参与到产业发展中来，通过产业带动、产业分红两种方式，最终达到反哺农民的效果，使石桥村的产业收益真正留在村里，使村民受益，实现促进村民致富和村集体壮大的双重效果。

（一）打造本土龙头企业，带动乡村产业增值

农村发展产业需要有明确的定位和资源优势，石桥村作为都市驱动型乡村振兴实验村，如何利用好都市资源是该实验成功的关键。石桥村依托便利的交通条件、优质的资源优势，在政府的扶持和村民的支持下，成立了本土企业南西桥公司。作为由本村村民担任董事长、村民入股占比达到51%的本土企业，南西桥公司的发展与石桥村村民的收益是不可分割的。为此，实验将南西桥公司作为产业发展的重点。为了推动企业更好地发展，政府、村集体、村民以及企业本身都做出了很大的努力，希望通过助力本土企业的发展，进一步带动乡村产业增值，壮大村集体经济，改善村民的生活水平。2019 年以来，在石桥村创新实验工作的推动下，南西桥公司的康养休闲旅游产业的基础设施持续完善，业态不断丰富，资产规模已经从最初的 1 000 万元增加到了近 6 000 万元，发展状况良好的集体经济为村民增收奠定了有利的基础。

（二）创新收益分成模式，实现产业收益留村

为了确保产业收益留村，收益真正进入村民自己的口袋中，石桥村在收益分成模式上开展了有益的尝试。在入股比例上，虽然允许外来资金入股，但是石桥村要求村民所持有的股份必须占半数以上，外来资本不能作为本土企业的大股东，也不能拥有对公司发展的决策权。这种做法有效保护了村民的权利，把南西桥公司的决策权把握在村民自己手上，一方面是希望激发村民的主体意识，激发他们参与公司治理和村庄发展的积极性，另一方面也是为了防止集体资产外流或被侵占。

石桥村集体股份制经营收益则采取“二次分红”制度，目的就是让更多的村民享受乡村企业发展的红利。每年南西桥公司总利润的 80%是作为一次分配的金额，对于当初投资入股的股东按照入股的份额来进行分红，剩下 20%的总利润则是作为集体分红，面向全村，进行成员股的分红。这种收益分成模式能够有效激发村民的积极性，让村民清晰地看到企

业的发展能够为自己带来更多的收益；村民得到了真实的收益，也会在未来的发展中，对于企业的进步和村庄的建设更加上心，更有干劲，为实验村的发展起到积极的推动作用。此外，通过这种明确的利益分成机制，能够有效确保企业的收益与村民的收益是捆绑在一起的，保障利益留村，真正产生产业兴旺应有的富农效果。

2022 年，永定街道办事处明晰了石桥村和南西桥公司的利益分配。此外，石桥村庄内开设了 6 家民俗农家乐。在石桥村创新实验工作的推动下，石桥村民小组、参与民宿经营的村民与南西桥公司形成了利益的持续联结机制，进而确保石桥村民小组集体财力的增强，同时形成除股东分红之外的产业利益哺农新渠道。

二、面临挑战

（一）村民参与村庄发展的积极性有待提高

石桥村具有良好的产业发展基础，南西桥公司的成立也为石桥村提供了更多的就业岗位，为村民就近就业提供了可能。然而，来南西桥公司工作的石桥村村民并不多，主要是因为：一方面，南西桥公司目前还在发展阶段，能够提供的工资不算很高，在劳动力市场竞争力较低，并且因为石桥村周围有一些工业园区，这些工厂的工资更高，自身能力较强的村民更愿意去工厂打工；另一方面，一些工作能力较低的村民由于无法满足南西桥公司发展的用人要求而被辞退，这些村民心生不满，参与村庄发展建设的意愿并不强烈。因此，应更加注重激发村民自发参与村庄建设的主体意识，加强村民自身与村庄发展之间的联系，为实验村的可持续发展注入强劲的动力。

（二）企业与村集体利益联结有待加强

目前，村民作为南西桥公司的股东，能够享受一定的分红。但是，村集体与南西桥公司之间并没有形成利益联结机制，换句话说，南西桥公司的发展并不能带动村集体经济的壮大。那么在未来的发展中，很有可能引发企业资本攫取、“精英捕获”等方面的问题。南西桥公司的发展离不开村集体资源的支持，如果没有与村集体确定明确的利益分成机制，导致公司发展与村集体经济发展脱节，将对村庄发展造成十分严重的后果。因此，在实验村接下来的发展中，应进一步加强村集体与南西桥公司之间的利益联结，通过企业带动真正实现产业增值、利益留村。

（三）单一产业抗风险能力有待提升

石桥村以康养旅游业作为支柱产业，依托都市资源，开展都市驱动型乡村振兴实验。然而，这种较为单一的产业很容易受到市场的冲击，抗风险能力较差。2021 年 10 月至 11 月，受新冠肺炎疫情防控影响，南西桥公司营业额直线下降。因此，在未来的发展中，应侧重延伸产业链，注重产业融合发展，拓宽实验村营收渠道，提升实验村在市场冲击中的抗风险能力。

未来，石桥村在发展产业带动村民致富方面，应注重提升收益与分配公平并重，总结起来其实就是“激励机制”和“约束机制”的有机结合。股份分红是对农户最有效的激励手段。然而，当村集体经济实现产业增值和一部分农户先富起来之后，有些村民可能会担心少数人从中谋求私人利益，实际上这也恰恰反映了约束机制不健全的缺陷。事实上，一方面，先富带动后富的逻辑在乡村振兴中依然适用，能人先富必然会反哺农村经济发展；另一方面，乡村社会的公平机制构成乡村利益调节与平衡的主要方式，这就需要一定的约束机制保障收益留村，其核心是要保证农民参与、农民监督的公平、透明与平衡。因此，只有建立完善的激励机制与约束机制，在提高农户收益的同时注重收益分配的公平公正，防止村民内部因此产生分歧与冲突，使村民们心往一处想、劲往一处使，才能形成共同富裕的良性发展局面。

第六章

人才振兴：培育经营性新农人、新村民

第一节 引　　言

人才是乡村振兴的基础性条件和重要资源，也是乡村振兴所有要素中最关键的、能动性和带动性最强的要素。在乡村发展实践中，乡村人才资源缺乏是制约农民生活富裕和乡村振兴的主要障碍。破解乡村人才缺乏、素质不高等问题，培育新农人、新村民，是全面推进乡村振兴战略的重中之重。

一直以来，国家层面高度重视发挥人才对于乡村的作用，习近平总书记多次对乡村人才振兴工作提出要求。2017 年 12 月 18 日，习近平总书记在中央经济工作会议上指出，“要实行积极有效的人才政策，打好‘乡情牌’，念好‘引才经’，激励各类人才到农村广阔天地大显身手”。[①] 2018 年 3 月，在参加十三届全国人大一次会议山东代表团审议时，习近平总书记再次指出，“要推动乡村人才振兴，把人力资本开发放在首要位置，强化乡村振兴人才支撑，加快培育新型农业经营主体，让愿意留在乡村、建设家乡的人留得安心，让愿意上山下乡、回报乡村的人更有信心，激励各类人才在农村广阔天地大施所能、大展才华、大显身手，打造一支

① 中共中央党史和文献研究院．习近平关于“三农”工作论述摘编［M］．北京：中央文献出版社，2019：38.

强大的乡村振兴人才队伍，在乡村形成人才、土地、资金、产业汇聚的良性循环”。① 同年9月21日，习近平总书记在十九届中央政治局第八次集体学习时强调：“人才振兴是乡村振兴的基础，要创新乡村人才工作体制机制，充分激发乡村现有人才活力，把更多城市人才引向乡村创新创业。”2020年12月28日至29日，习近平总书记在中央农村工作会议上指出：“要吸引各类人才在乡村振兴中建功立业，激发广大农民群众积极性、主动性、创造性。”

从本质上来讲，人才振兴旨在想方设法创造条件，让农村的机会吸引人，让农村的环境留住人，特别是要让一部分年轻人热爱农业农村，培养造就一支高素质农民队伍，优化农业从业者结构，改善农村人口结构。而按照昆明都市驱动型乡村振兴创新实验的要求，新农人、新村民的培育机制旨在以回乡创业创新为联结，培养心怀农业、情系农村、视野宽阔、理念先进的“新农人”，以乡情乡愁为纽带，培育乡村振兴“新村民”。同时深入开展高素质农民培育，选派农业科技特派员、乡村振兴指导员、乡村振兴驻村工作队，引进、培养具有国际视野的农业科技人才、富有工匠精神的农业技能人才和引领服务群众的农村实干人才，推动各类人才走向乡村、服务“三农”。

可见，加大培育新农人、新村民，是人才振兴的重要内容之一，不仅能够激发各类人才创新活力和潜力，也为乡村发展提供了强大的生产力。近年来，在国家层面顶层设计的指导下，各地在推进人才振兴方面采取了一系列措施，为乡村发展提供了良好的人才支撑。其中，富民县石桥村探索的新农人、新村民的培育机制，为乡村人才振兴提供了一定的经验借鉴。

第二节　乡村人才振兴的研究进展与政策安排

一、学术视角下的研究进展

人的现代化是国家现代化不可缺少的因素，它并不是现代化过程结束

① 《习近平等分别参加全国人大会议一些代表团审议》，2018年3月8日，新华网，http://www.xinhuanet.com//politics/2018lh/2018-03/08/c_1122508329.htm。

后的副产品，而是现代化制度和经济赖以长期发展并取得成功的先决条件。[①] 从乡村发展而言，相较于物质资本，人力资本对于乡村发展更为重要。面对乡村发展的现实需求，推动人才振兴、实现农民的现代化是乡村发展实践的必然途径和结果。基于此，学界对乡村人才振兴开展了大量丰富的研究，为我们理解人才振兴、农民现代化等议题提供了诸多视角和方法。具体而言，当前，学术界有关乡村人才振兴的研究主要集中在人才的作用、人才振兴面临困境和发展路径等方面。

首先，回答乡村需要什么样的人才是乡村人才振兴的基础。整体来看，“三农”人才包括乡镇管理队伍、农业技术推广人员、乡村实用人才队伍、村级干部管理队伍等。[②] 此外，詹文文[③]、刘万森[④]等对乡村实用人才类型进行了细分，主要包括从事农林牧渔业能手、加工能手、经营人才、乡村经纪人、能工巧匠、农业技术服务人员、乡村专业合作社负责人等类型。其次，有关乡村人才振兴实践面临困境的研究，诸多学者也对此进行了讨论。任静认为，乡村地区人才总量不足、结构和分布不合理、总体素质水平较低，乡村地区人才供给与需求结构性矛盾突出，乡村科技人才流失现象比较严重。[⑤] 此外，乡村发展过程中，出现了农业技术人才紧缺[⑥]、人才结构不合理、人才流失严重、人才的成长和保障机制不健全、乡村实用人才不被重视[⑦]等问题。关于制约乡村人才发展因素问题，王炜认为，人力资本投入不足以及乡村人才评价体系不完善的问题，是导致人才流失、乡村人才资源开发现状不乐观的重要因素。[⑧] 邱磊认为，落后的思想观念、不科学的产业布局、狭隘的就业观念、不畅的人才流动机制是

---

① 阿历克斯·英格尔斯．人的现代化［M］．成都：四川人民出版社，1985：4.

② 崔坤．大力培养农业农村人才助力北京乡村振兴战略［J］．北京农业职业学院学报，2018（4）：5－10.

③ 詹文文．农村实用人才队伍建设的问题与对策研究：以温州市为例［D］．南昌：江西农业大学，2016：5.

④ 刘万森．浙江省文成县农村实用人才队伍建设研究［D］．南昌：江西师范大学，2020：15－16.

⑤ 任静．乡村振兴战略背景下农村人才科技人才培养与引进对策［J］．乡村科技，2019（2）：42－43.

⑥ 王富忠．乡村振兴战略视域下乡村人才机制建设研究［J］．农业经济，2020（8）：48－50.

⑦ 齐素泓．农村人才困境及其出路探讨［J］．湖南农业大学学报，2008（6）：53－55.

⑧ 王炜．农村人才资源开发现状及对策［J］．阴山学刊，2008（4）：99－103.

导致我国乡村人才集聚困难的重要因素。[①] 还有学者认为乡村劳动者的综合素质水平不高、不健全的人才引进和保障机制以及不畅通的人才返乡机制等因素阻碍了乡村人才的发展。赖新华等人对乡村人才发展的制约性因素进行了分析，从乡村老龄化现象、认知狭隘性程度、人才培养和人才保障等方面阐述了制约乡村人才发展的因素。[②] 徐姗姗认为乡村人力资源总量过大而总体综合素质又偏低、乡村教育投入不足、乡村人力资源结构不合理、农民思想保守等因素制约了乡村人才高质量发展。[③]

针对前文所提到的乡村人才类型以及发展困境，学界也为乡村人才振兴提出了诸多思路和对策。有学者提出要从国际借鉴相关经验，建立健全人才发展的机制，例如借鉴日本的人才支援乡村策略、乡村支援员制度、乡村振兴支援队、支援人才接受体制等人力资源开发的有益经验，促进乡村人才发展。[④] 从统筹城乡发展的视角，强调需要围绕城乡人才统筹观念、整合乡村人才培养的社会力量、构建乡村实用人才开发的制度保障和社会环境。[⑤] 从人才发展的外部环境上，要定向开展人才引进、多方实施人才借力、分类推进人才培育、大力促进人才就业、着力优化人才环境等，进而促进乡村人才发展。[⑥] 从人才本身的发展上，需要加强对乡村实用人才的合力建设，从建立和完善乡村实用人才评价动态管理机制、加强培训力度、优化创业环境、加强经费投入和组织领导等方面，探寻了促进人才发展的策略，强调要加强乡村实用人才开发的合力作用。

总的来看，学界对乡村人才振兴的研究形成了大量成果，为我们理解乡村人才振兴实践中的诸多问题提供了借鉴，包括在全面推进乡村振兴阶段，乡村发展到底需要什么样的人才，为何以及何以发挥人才在乡村发展

---

① 邱磊．我国农村人才集聚的困境与突破：“长兴模式”的经验与启发［J］．改革与战略，2017（9）：94－113.

② 赖新华，罗晓雯，许哲民，等．实施乡村振兴战略背景下农村青年人才培养机制研究：以粤西地区为例［J］．智库时代，2019（2）：161－163.

③ 徐姗姗．乡村振兴发展中的人力资源制约因素及路径研究［J］．农业经济，2020（7）：66－67.

④ 刘云刚，陈林等．基于人才支援的乡村振兴战略：日本的经验与借鉴［J］．国际城市规划，2020（3）：95－99.

⑤ 王丽静．基于共词可视化的我国农村学校体育研究进展：近 10 年 CNKI 数据的文本研究［J］．安徽体育科技，2019（1）：15－18.

⑥ 周晓光．实施乡村振兴战略的人才瓶颈及对策建议［J］．世界农业，2019（4）：35－37.

实践中的重要作用，怎样破解当前乡村发展中面临的人才困境，等等。

二、实践视角下的政策安排

乡村人才振兴不仅是实践中面临的重要难题，也是公共政策关注的重要议题。为了推动乡村人才振兴，国家层面作出了一系列顶层设计，为具体实践提供了重要指导。其中，2018 年的中央 1 号文件《中共中央　国务院关于实施乡村振兴战略的意见》中提出实施乡村振兴战略，要汇聚全社会力量，强化乡村振兴人才支撑，通过大力培育新型职业农民、加强农村专业人才队伍建设、发挥科技人才支撑作用、鼓励社会各界投身乡村建设、创新乡村人才培育引进使用机制等举措，破解人才瓶颈。[①] 2018 年 5 月，中共中央、国务院印发《乡村振兴战略规划（2018—2022 年）》，明确指出要强化乡村振兴人才支撑，培育新一代爱农业、懂技术、善经营的新型职业农民，加强农村专业人才队伍建设，鼓励社会人才投身乡村建设。2019 年，《中共中央　国务院关于坚持农业农村优先发展做好“三农”工作的若干意见》提出：“支持乡村创新创业。鼓励外出农民工、高校毕业生、退伍军人、城市各类人才返乡下乡创新创业，支持建立多种形式的创业支撑服务平台，完善乡村创新创业支持服务体系。”2020 年，《中共中央　国务院关于抓好“三农”领域重点工作确保如期实现全面小康的意见》提出：“推动人才下乡。培养更多知农爱农、扎根乡村的人才，推动更多科技成果应用到田间地头。畅通各类人才下乡渠道，支持大学生、退役军人、企业家等到农村干事创业。整合利用农业广播学校、农业科研院所、涉农院校、农业龙头企业等各类资源，加快构建高素质农民教育培训体系。”2021 年 2 月 23 日，中共中央办公厅、国务院办公厅印发《关于加快推进乡村人才振兴的意见》（以下简称《意见》），强调：“坚持和加强党对乡村人才工作的全面领导，坚持农业农村优先发展，坚持把乡村人力资本开发放在首要位置，大力培养本土人才，引导城市人才下乡，推动专业人才服务乡村，吸引各类人才在乡村振兴中建功立业。”《意见》针对农业生产经营人才、农村二三产业发展人才、乡村公共服务人才、乡村治理

① 中共中央　国务院关于实施乡村振兴战略的意见［N］. 人民日报，2018-2-5。

人才、农业农村科技人才等五类不同类型乡村人才进行了针对性部署，有助于强化乡村人才振兴的政策保障，推动形成乡村人才振兴的工作合力。

在中央层面的政策设计基础上，云南省富民县也相应出台了人才振兴相关的实施方案。2018 年 12 月 29 日，富民县印发《富民县乡村振兴战略规划（2018—2022 年）》，提出要开展农村“领头雁”培养工程，即选拔优秀党员，培养储备一批农村基层党员干部后备力量，组建乡镇青年人才党支部，为每个村培养 3～5 名 35 岁以下优秀人才；建立村组干部待遇正常增长机制，逐步提高村民小组干部误工补贴标准；每年对村干部、村民小组干部进行全覆盖轮训。2019 年 12 月 6 日，《永定街道乡村振兴战略规划》中指出要强化乡村振兴的人才支撑，具体包括培育新型职业农民、加强农村领军人才和实用人才培养、引导各方力量参与乡村建设。

具体在昆明都市驱动型乡村振兴创新实验区项目推进中，2020 年1 月 17 日，《昆明市都市驱动型乡村振兴创新实验区建设工作方案》对新农人、新村民培育机制作出明确要求。要以回乡创业创新为联结，以大学生、进城务工人员、退伍军人、种养大户等群体为重点，培养心怀农业、情系农村、视野宽阔、理念先进的“新农人”。以乡情乡愁为纽带，吸引支持企业家、党政干部、专家学者、技术人才等群体通过下乡担任志愿者、回乡治村养老、包村包项目、法律服务、教育帮扶等方式，多措并举促进市民下乡、能人回乡和企业兴乡，培育乡村振兴“新农人”“新村民”。同时，落实好减税降费政策，积极设立乡村就业创业引导资金。深入开展新型职业农民培育，选派农业科技特派员、乡村振兴指导员、乡村振兴驻村工作队，引进、培养具有国际视野的农业科技人才、富有工匠精神的农业技能人才和引领服务群众的农村实干人才，推动各类人才走向乡村、服务“三农”。同年 5 月 20 日，富民县有关部门印发《永定街道石桥村都市驱动型乡村振兴创新实验区建设实施方案》提出，综合考虑石桥村的发展条件，石桥村都市驱动型乡村振兴实验区旨在村庄能人带动下，依托村集体经济产业，对原有的发展模式进行变革，创新多种农业经营模式，提高农业附加值，让农业不仅有干头还有赚头，让产业更有奔头，从而提升石桥村集体经济的整体活力，同时，强调要挖掘、吸引和培育乡村建设“新农人”，为乡村振兴提供人才支撑。

第三节 实验前石桥村面临的人才困境

一、人口结构失衡

人口结构失衡是中国乡村发展的共性。实验前石桥村面临的人口结构失衡主要表现在两个方面。一方面，村庄大量年轻人外出务工，加上人口老龄化趋势加剧，造成村庄发展的中坚力量不足。正如石桥村村民小组组长提到的，“村里的生活条件和就业机会不如城里好，所以村里的年轻人都去县城或昆明打工了，留下来的都是些老人，在村子里三四十岁的就算是年轻人了。”此外，南西桥公司的负责人徐建昌也提到，要发挥本村有文化的年轻人才对公司发展的优势。本村的年轻人才不仅能够为公司发展带来一定的活力，同时因其长期生活在村内，更加熟悉村内村情与村庄公共事务。但在实践中存在一个悖论，即有文化的年轻人更加倾向于“向外发展”，又怎么能够参与村庄建设和发展进程中？面临人才特别是年轻人才流失等问题，石桥村如何在发展过程中吸引外出年轻人返乡，引导并帮助其参与到家乡建设发展中，成为石桥村建设和发展实践中面临的难题。另一方面，石桥村人才缺乏的问题体现在村“两委”干部的构成上。村级集体经济组织决策者和经营者均为村“两委”干部，年龄结构偏大、整体素质偏低，在南营村委会的“两委”干部和后备干部中，无本科及以上学历的村委干部。同时，农村大量有学历、有魄力的年轻人外出，导致村级组织干部队伍文化程度普遍较低，极大影响了村级集体经济的发展壮大。

二、高质量专业人才短缺

进入新发展阶段，在农业、农村、农民现代化的环境下，乡村建设以及乡村新业态的发展，迫切需要更多且质量更高的人才作为支撑。在石桥村的发展中，缺乏高质量人才成为制约村庄发展的一大障碍。如前文所述，村庄年轻人外出务工，当前留村的村民多为老年人，整体看来，这部分人群的年龄老化、文化素质偏低，接受新知识新技术的能力较弱，自我发展意愿不强，发展内生动力和能力有限，与村庄发展对于高质量专业人才的需求形成了较为鲜明的对比。“建立和发展村集体公司的障碍，第一是缺钱，第二是缺人，尤其是在人的因素上，既缺数量又缺质量”，南西桥公司的负责人如是说。具体到公司经营上，因公司的经营模式偏向于乡村旅游，农家乐吃住娱乐一体式服务需要大量的服务型劳动力，虽然有一部分村民参与其中，但在繁忙节点仍然存在人手不足的问题，甚至需要“一个人干两个人的活”，长此以往，难免会导致服务质量下降。从公司发展上看，“管理层”的经营理念和方法对于公司的发展至关重要，而石桥村缺少相关高学历和高技能的人才，甚至没有“有经验的”从业人员，在这种情况下，公司不得不从外面高薪聘请相关管理人才。

三、人才发展环境欠佳

“栽下梧桐树，引得凤凰来。”吸引人才固然重要，但更重要的是做好引进人才的配套和后半篇文章，让人才在其中具有归属感、获得感，真正留住人才。但实践中人才发展环境欠佳成为吸引人才和留住人才的障碍因素之一。从村庄本身来说，村庄人居环境等基础设施方面虽有明显改善，但仍面临农村基础设施滞后和公共服务不足等问题，无法满足当前乡村人才发展的需求，不能为“人才返乡”或“人才下乡”营造良好的社会环境。从人才发展的角度来说，持续优化乡村人才发展环境，不断吸引更多人才集聚乡村推动事业发展是当前乃至今后一个时期的重大议题。石桥村在人才振兴方面，对于乡村人才尤其是引进的外部人才，缺乏合情合理的待遇及持续稳定的发展保障，难以消除部分乡村人才为本村干事创业的后顾之忧，甚至在村庄全面推进乡村振兴中面临“水土不服”的难题。

第四节　经营性新农人、新村民培育的石桥实践

2019年，中国农业大学国家乡村振兴研究院和昆明市政府签订了乡村振兴政校合作协议，石桥村凭借其位于昆明都市圈内的优越地理位置、村庄能人牵引优势、股份合作经营创新模式，成功入选都市驱动型乡村振兴创新实验区试点村。在实验开展过程中，石桥村通过依托本土型人才、培养治理型人才、引进技术型人才、聘请专家型人才等方式，探索形成了

新农人、新村民培育的石桥实践，为村庄发展提供了有力的人才支撑。

一、依托本土型人才：村庄能人引领乡村发展

能人牵引是石桥村在人才振兴方面的一大发展特色。因本土能人了解农村、热爱农村、心怀农村，且本身具备一定的资源和能力优势，加上他们能吃苦、会发展、肯奉献，更容易获得村民的认可和支持，能够减少工作中产生的矛盾，吸引群众向其聚拢，以“领头雁”的姿态带领广大群众实现乡村振兴，进而促进村庄有效治理。因此，依托本土型人才，发挥能人引领村庄发展的作用，对繁荣农村经济文化以及促进村庄治理意义重大。在石桥村发展建设过程中，石桥村民小组党支部充分发挥战斗堡垒和先锋模范作用，引领振兴实验、引领产业发展、引领项目建设、引领村庄治理；同时，也涌现出了以徐建昌同志为代表的村庄能人，带动该村的产业发展、村庄建设和社会治理。徐建昌曾在十年前当选为南营村村主任，在村民中威信较高，多届连任。在徐主任任职期间，南营村委会先后获得昆明市基层党建示范点、昆明市级文明村、昆明市民主法治村、富民县先进基层党组织等荣誉称号。同时，徐建昌也是石桥村第一个经营农家乐的村民。他积累了不少办企业、经营企业的经验，是村里最早富裕起来的人，也是村民眼中的“大能人”。

为推动村集体经济的发展，2014 年，在时任南营村委会主任徐建昌、石桥村村民小组组长徐正云等人的带动下，石桥村成立了九峰草莓合作社，流转了 120 亩左右的土地种植草莓，带动村民发展特色种植。在草莓成熟的季节，每到周末，大量游客到石桥村摘草莓。徐建昌看到了乡村旅游的潜力。通过多方考察和考虑，徐建昌决定带领村民一起干，采取村民入股、公司化经营的模式，盘活石桥村闲置的 18.9 亩土地，成立了南西桥公司，牢牢把握住富民“山水园林卫星城，休闲康养目的地”的准确定位，紧紧依托昆明主城消费市场，发展乡村旅游、休闲康养娱乐产业，吸引都市人群近郊消费。南西桥公司通过村民集中入股的方式筹措资金，将村民变股民，2015 年，石桥村 54 户村民积极筹措资金入股510 万元。徐建昌面对着父老乡亲立下誓言：“南西桥公司不盈利，我自己不拿一分钱工资。村民入股不足的部分，全部由我来补齐。”

徐建昌（左）在南西桥公司指导工作

南西桥公司累计投入建设资金 2 000 余万元，除 2015 年村民入股的 510 万元外，其他资金主要来源于富民县产投公司入股投资、银行融资和上级产业扶持项目资金、南西桥公司经营收益再投资等。如今，南西桥公司已经发展成为一个配套设施齐全，集餐饮住宿、休闲娱乐、田园观光、户外拓展、特色林果采摘于一体的乡村旅游康养基地。2020 年，虽然受到新冠肺炎疫情影响，南西桥公司营业额却达 530 万元，创造了 120 万元的利润；2022 年营业额 725 万元，利润达到 245 万元；公司其他项目建设完成后，预计每年营业额可达 1 000 万元。徐建昌带头集资入股的南西桥公司，充分展现出敢闯敢干的开拓创业精神，敢于谋划产业、敢于争取项目、敢于组建公司规范经营、敢于开拓市场，带领党员群众建成了集餐饮、住宿、休闲、康养、娱乐于一体的休闲度假基地，为村集体和农民增收奠定了坚实的产业基础。在南西桥公司生态休闲园的打造中，石桥村通过“能人牵引＋村民入股＋政府投入＋公司运营”模式，实现了“资源变资产”和“农民变股东”，开了富民乡村振兴的先河，筑牢了产业支撑，积累了经验。此外，在石桥村被确定为都市驱动型乡村振兴实验村以来，徐建昌全身心投入项目建设，一线指挥工程建设、一线监督质量标准，积极动员广大党员和村民落实上级安排部署，团结党员和村组干部克服困难。徐建昌舍小家为大家，主动关停了自家的农家乐，还将自家的建筑设备无偿或低价提供到项目中使用，一心一意建设和经营村集体项目。

在石桥村村民小组，还有许多积极投身经营、推动村庄经济发展的能人，包括徐建坤、村民小组长徐正云等，在乡村振兴、村集体经济的发展中，处处以身作则，充分发挥个人能力、运用到村集体项目建设中。无论是组织项目施工、一线指挥工程建设，还是监督项目质量标准等工作，始终坚持走在前面，无论何处都能看到他们奉献的身影。在石桥村创新实验工作推进过程中，石桥村村民小组建起了12名成员的项目组和5名成员的财务组，项目组主要负责对实验项目的竞标方进行筛选以及后续的项目实施管理，财务组主要负责项目资金的报账工作，在基础设施、人居环境、栽花种树、产业发展等各项目工作上发挥了重要作用。

此外，2021—2023年，南西桥公司年轻的出纳张素芳参加了中国农业大学—腾讯为村乡村CEO计划，顺利完成全部课程和实训，并荣获“最具奉献奖”，个人能力得到较大提升，也为石桥村未来的发展提供了支持。

张素芳参加“乡村CEO计划”

“能人牵引”为石桥村的乡村振兴工作奠定了坚实的基础，创新了模式，积累了经验。像徐建昌这样的村庄能人带动，发挥党员的带头作用，为石桥的乡村振兴、产业发展、村庄建设、乡村治理打下了坚实的基础。

二、培育治理型人才：驻村工作队协助乡村治理

乡村治理是实现国家治理体系和治理能力现代化的基础和关键。脱贫攻坚期内，我国探索形成了一条驻村帮扶的有效经验，在乡村振兴战略实施中，驻村工作队协助乡村治理仍是一条有效路径。由此，培养治理型人才，建立一支高素质的人才队伍，有助于为新时代乡村振兴提供人才支撑

和智力保障，推动乡村振兴真正落实落地。

2020 年 11 月，永定街道党工委研究决定，由党工委书记李晓吉兼任中共南营村党总支第一书记，强化街道驻村工作。同时，永定街道党工委、办事处推出了“3＋8”创新工作模式，由街道党工委书记担任驻村工作队组长，副书记、副主任担任副组长，派出党建指导员、制度建设员、文化宣传员、项目指导员、项目策划员、规划绘图员、工程指导员、资金指导员“八大员”进驻石桥村，以乡村振兴实验区项目建设为核心，全面负责石桥村党的建设、项目策划和组织实施、制度建设、经验总结、文化宣传等系统工作。李晓吉书记提到：“作为昆明市 6 个都市驱动型乡村振兴创新实验区之一，石桥村承担着为全县、全市乡村振兴先行先试、提供经验的任务。作为街道党工委书记，和基层党组织一起做好实验区的工作，我和‘八大员’责无旁贷、义不容辞。石桥村的工作就是我们的本职工作。”南营村党总支书记杨云说：“石桥村 90％以上的村民都认识李书记，村民们都清楚他经常到村里来，是为了乡村振兴的事。”

时任永定街道党工委书记李晓吉召开项目推进会

具体到乡村事务的治理中，发挥驻村工作队的优势是关键。首先，驻村工作队员具有较高的政治站位。街道、村“两委”各相关科室切实找准“目标”和“灵魂”，抓住“软建设”和“硬建设”，全力以赴投入石桥村实验区项目建设工作。其次，驻村工作队员具有较完善的核心组织管理体系，充分发挥了组织协调和保障作用。例如，以“3＋8”模式创新工作体制机制，加强对实验区建设项目的指导推动，驻村队员每周到村工作不少于1天，以“白加黑，五加二”的工作作风深入调研、系统策划、认真落实。最后，驻村工作队员分工明确，充分发挥驻村工作组职能，探索形成“八大员”机制，组长负责总体统筹，协调领导，副组长分别分管。“八大员”落实具体责任和分工如下：党建指导员负责挖掘整理党建工作亮点，总结党建经验；制度建设员负责石桥村乡村振兴制度创新，起草编制各类工作制度，总结提炼各类创新性决策、措施、部署；文化宣传员负责挖掘、梳理石桥村历史、文化、民俗，策划石桥村、南西桥公司长期性、独特性的系列文体活动和对外媒体宣传等工作；项目指导员负责实验区各类项目策划、实施，规范实施项目报批、预算、招标、建设、结算、验收等工作；项目策划员负责实验区各类项目策划、包装、文案编制、起草编制项目和实施工作方案等；规划绘图员负责按照上级领导小组要求，就具体区域、具体项目绘制规划图、效果图等；工程指导员牵头负责对具体项目工程实地勘察、质量监督、安全监督、工程量审核等工作；资金指导员负责对南营村委会、石桥村民小组管理和使用财政资金进行全方位、全过程指导。“八大员”驻村以来，帮助村党总支、村民小组建立完善各项规章制度，让村民小组的各项事务都有人抓、有人管，规范化指导和推进九峰书院、村庄美化、道路硬化等项目的高质量建设。

此外，石桥村民小组党支部及11名党员充分发挥战斗堡垒和先锋模范作用，建立了“党员联系户”制度。11名党员联系全村57户农户，每位党员联系4～7户农户，不仅宣传政策、动员农户参与乡村振兴项目的实施，同时也承担了联系农户、化解家庭纠纷、执行村规民约等村民生产生活中的相关事务。石桥村党员主动开展“五先五争”先锋行动，党支部带头研究乡村振兴和创新试验有关政策，带头执行中央和上级党委精神，结合石桥村实际严格执行“一会四议两公开一监督”工作制度，全面保障和推进石桥村乡村振兴创新实验工作。“党建引领”保障了石桥村的乡村振兴工作“事事有责任、事事有抓手、事事有落实、事事有进度、事事有结果”。

三、聘请技术型人才：职业经理人运营集体经济

从乡村发展的现实来看，其发展的内生动力较为有限，依靠乡村现有

的人才结构难以实现乡村发展的需要，从外引进专业的高质量技术型人才，能够为乡村发展注入新的活力。2015 年，南营村党总支发动石桥村党员带头，带动村民入股成立了南西桥公司。该公司 2018 年 4 月正式投入运营，经过陆续增资，总投资已超过 2 000 万元。公司距富民县城 7 公里，营业面积 450 余亩，配套设施齐全，能够全方位提供旅游接待、会务服务、特色餐饮、烧烤小吃、棋牌娱乐、温泉泳池、户外活动、拓展训练、田园观光、特色林果采摘等服务，已经成为集民俗文化开发、乡村生态旅游、农业观光体验、康养休闲度假于一体的乡村旅游康养基地和昆明市乡村旅游、休闲度假的新亮点，日可接待游客 1 000 余人，日营业额最高达到 15 万元，年营业额超 700 万，年接待游客达到 10 万人次。

2020 年 5 月之前，南西桥公司面临着巨大的发展问题，徐建昌引进了两位专业的职业经理人，为南西桥公司和石桥村的发展带来了新的契机。公司引进的两位职业经理人源自既有的伙伴关系，因此在南西桥公司的发展和运营方面较快实现了通力合作。同时，两位职业经理人在进入南西桥公司工作之前，均从事过多年的酒店管理工作，积累了丰富的经验，且形成了诸多先进的管理理念和发展思路。2018 年，徐建昌邀请职业经理人加入南西桥公司的运营管理，但对于其中一位职业经理人盛总来说，“太小，不好做”，“后面，因为疫情的原因，我之前工作的酒店没有开业，于是辞职，李晓吉书记找到我，看看能否合作”。对于另外一位职业经理人张总而言，吸引他来到南西桥公司的原因则是“感兴趣，希望能够再次见证一个奇迹的发展。”于是，盛总和张总选择来到南西桥公司，这成为南西桥公司和石桥村发展的一个转折点。

初到南西桥公司，盛总和张总两位职业经理人便敏锐地发现，公司因没有形成正规企业运营的模式，面临着拖欠员工工资、公司财务账目不清晰、缺少报表等多方面的问题。为了规范公司运营，两人花费三个月不断探索，首先着手调整整个公司的组织架构，通过外聘的方式招募员工，对公司人员和重要岗位等做出安排。其次，在理顺公司架构的基础上，制定和下发规章制度，对员工进行专业知识和服务的培训等，建立奖惩制度、监督机制等，通过开会使其认识自身的价值、增加归属感，终于使公司“像一个团队”。“培训内容主要包括素质教育理论培训、实践操作、着装化妆、安全等；方式主要有组织去外地学习培训、从外面聘请专业人员来培训、和人社局联系派遣相关人员进行培训教学并颁发证书等。”再次，在既有工作经验的基础上，将酒店的餐饮定位在精品农家菜，同时和厨师研发，进行菜品的搭配和调整，不断改善。最后，在公司步入运营之后，探索以外网带货、火把节等资源和形式，扩大对公司的宣传力度，两位职业经理人充分发挥自身的专业特长，依托以往的旅行团资源等，加速对外宣传，寻求合作伙伴。最终，南西桥公司于 2020 年 8 月份正式运营，走入正轨。如今两人分工明确，一人负责公司的运营和餐饮，一人负责公司产品的销售和休闲服务，公司正在有序发展。

乡村振兴项目的推进为南西桥公司的发展带来了机遇。项目给石桥村带来村庄人居环境的改善的同时，有助于吸引外来游客到石桥村参观和居住，进一步推动了南西桥公司的经济增长，也提高了公司的收益和宣传力度。从村民角度来看，在公司运营步入正轨之后，也在一定程度上解决了村庄的人口外流，进一步减少了村庄的留守现象。此外，农副产品和土特产有了一定的交易量，增加了村民的家庭经济收入。在南西桥公司与石桥村的利益联结上，石桥村村民可以分红，用餐享受九折优惠，且每户每年会得到 48 张温泉票，等。如此一来，形成了村庄、村民、公司和项目之间互惠互利的良好局面。在谈及对于九峰书院的规划时，盛总也有自己的思路，他们打算做一个中高端会所，专门设一位独立的管家负责相关服务。由此可见，引进技术型人才，并充分发挥其自身的优势，让“专业的人做专业的事”，不仅有助于公司的长久发展，也对村庄发展的具有积极意义。所以，乡村振兴需要更多懂农业、懂技术、懂市场的专业人才支持乡村建设。

四、引进专家型人才：专家学者共同出谋划策

专家学者因其具有专业知识和较大的眼界和格局，对乡村治理有着较为深刻的理论和认识。吸引、支持专家学者投身现代化农业农村建设，使其成为乡村治理的建设性力量，有助于为乡村振兴“把脉开方”。在石桥村的实验中，中国农业大学专家组、市、县、街道、村委会五级互联互通，打破在问题层面的领域限制，一级直接面向另外四级提出问题想法，

突破各层审批、请示的工作流程，打破共通壁垒，交流工作意见，提供问题对策，将工作力量直接纵向插入实验区。其中，李小云教授、王妍蕾副教授专家组全过程、全方位参与石桥村实验区项目实施，进行技术指导和政策建设。同时，在乡村振兴实验中，专家学者通过直接与市级部门、县级领导、街道、村四级以召开会议、实地考察、共同研究、线上交流的方式相互联动，向市、县领导小组、街道领导小组、村民小组4级提出意见建议，为石桥村的发展建言献策。

都市驱动型乡村振兴创新实验区建设以来，中国农业大学李小云教授、王妍蕾副教授与市、县、街道、村多次在实验区共同开展现场研究、共同参加会议讨论、共同提出问题、共同解决问题，突出工作重点，不搞花架子，注重工作实效性，为推动实验区工作顺利开展注入了强大动能。王妍蕾副教授6次带领研究生团队进驻石桥村开展研究和指导实验区建设工作。一是对石桥村68户村民开展基线调研2次，对家庭人口信息、家庭收支情况、农业产业链、“三地”使用和流转情况、村庄治理和发展方面进行访谈和深入了解，分析村内基础条件，收集相关数据。二是召集街道、村委会、村民小组召开工作会议6次，认真研讨实验区各项工作机制落实。三是对民宿改造以及教授工作站的选址和设计提供建议与指导，对责任清单制度进行了落实，将石桥村6项机制的相关工作进行细化，形成方案，责任到人，开始推进。四是在专家团队带领下，村民参与乡村振兴创新实验区建设积极性明显提高。中国农业大学专家团队带领村委会主任、部分村民到安宁雁塔村、呈贡万溪冲村3次交流学习工作经验。五是通过联系中国农业大学云南校友会，实地走访查看10余户民宿的基础条件，积极出谋划策，提出具有建设性的参考意见，为教授工作站建立、民宿设计和村内环境美化等出谋划策。六是通过实地调研，明确实验区的产业发展方向，完善民宿四合院建设规划、村庄绿化美化规划设计等方面的前期规划，积极出谋划策，会议研讨项目规划等20余次。

石桥村村民、南西桥公司董事长徐建昌曾经在学习感想笔记中提到对专家参与乡村建设发展的感想：

“6月22日，勐腊县副县长、市委组织部的领导做了开班讲话，接着我们一起观看了河边村建设的历程。河边村从一穷二白、村内环境脏乱差的贫困村，到现在每家每户都建起了吊脚楼，当起了老板。接着李教授进行了授课。与以往的学习培训不同的是，这次学习，我们6个实验村的学员提出各村的观点、难点、存在的问题，分组讨论，由教授们一一解答，整个讨论过程既激烈又非常轻松，不知不觉就讨论到了下午。晚饭后又和瑶族村民分别座谈，河边村村民对现在的生活很满意，是李小云教授团队改变了他们的生活环境、使他们的收入也增加了。

23日，我们6个实验村再次讨论了资产资源如何盘活、如何实施、如何管理、如何调动、村民如何参与建设的问题，通过这次实地感受和课程研讨，我开阔了思路、拓展了视野。河边村从2015年的贫困村，到现在基础设施、人居环境、村民精神面貌等发生的翻天覆地的变化，形成复合型产业结构，村民收入大幅度提高，成为脱贫攻坚的典范，让我感到非常震撼。通过各村的交流发言，我学到很多我们没有想到的经验，比如资金的管理使用、项目的实施方案等等，中国农大教授也提出他们的观点，对我们6个村如何发展得更好做出了指导。同时，让我感受最深的是中国农大教授们全心全意为我们农村发展无私奉献的精神，他们背井离乡、舍弃与家人团聚，为我们来回奔忙、默默付出，不拿我们一分钱，把我们的家乡建好后，也许他们走了就再也不会回来了，让我非常感动。看看教授们、学生们以及支持我们农村发展的各级部门、社会团体，都带着感情也带着希望为我们乡村振兴无私地奉献，具有高尚的品德，我们还有什么理由不为自己家乡的建设、乡村振兴出一份力呢?”

中国农业大学李小云教授一行到石桥村考察调研

王妍蕾副教授被授予石桥村“新村民”称号

第五节　培育经营性新农人、新村民的石桥经验与挑战

一、经验总结

经过实验村的实践探索，石桥村在培育经营性新农人、新村民方面取得了一系列成果和经验，形成了包括返乡就业者、驻村工作队、专家学者、志愿者等在内的人才智库。具体而言，石桥村关于人才振兴工作的经验主要包括以下几个方面：

其一，培育与引进并举，建立乡村振兴人才智库。人才振兴是乡村振兴的基础。实施乡村振兴战略，培育新型农村经营主体，离不开一支懂农业、爱农村、爱农民的乡村人才队伍。乡村人才振兴既要充分发挥内生人才的优势，又要充分利用外生人才的特质，坚持内生人才培育与外生人才引进相结合，共同促进乡村人才振兴。在乡村发展的过程中，石桥村重视乡村人才振兴，坚持内生人才培育和外生人才引进并举，解决了乡村发展的人才来源问题，培育农业生产经营人才、乡村治理人才、创新创业人才等不同类型人才，建立起了乡村振兴的人才智库。

其二，环境与机制并举，助力人才的培育和发展。由于城乡二元结构体制，城乡之间资源配置存在差异，致使乡村的各类资源较少，城乡差距不断加大。很多人才不愿回乡村参与乡村治理，很大一部分原因在于乡村人居环境较差，习惯于城市生活的治理人才不愿长久待在乡村。因此，能不能吸引这些乡村治理的人才，让他们参与到乡村建设和乡村治理中来，很大程度上取决于乡村能否给他们提供优良环境。一方面，在解决好人才来源的基础上，石桥村通过人才培训、青年干部培养等方式来建立人才的培育和成长机制，在乡村人才引进、培育、发展、使用、激励、评价等方面构建了相对完善的政策体系和服务体系。另一方面，从人才现实需求、成长环境等层面积极创造乡村人才发展的环境，改善农村发展环境，打造适宜的制度环境和社会环境，吸引了人才返乡干事创业，使人才能够留得住。此外，还需要加强对优秀人才的宣传表彰，形成对乡村人才的激励机制，畅通乡村人才发展和晋升通道，营造“尊重劳动、尊重知识、尊重人

才、尊重创造”的社会氛围。

其三，服务与引领并举，充分发挥乡村人才作用。乡村人才振兴，强调了使乡村人才引得来、育得强、留得住、用得好。在“用得好”上，一方面，石桥村通过发挥能人的示范引领作用，带动村庄的其他人一起，激发村民的内生动力，使其能够参与到乡村建设和发展中来，依靠自身来致富奔小康。另一方面，充分发挥外来人才（驻村工作队、职业经理人和专家学者等）的优势为石桥村的发展提供一定的技术帮扶和服务帮扶。

二、面临挑战

石桥村在乡村人才振兴上取得了诸多成就，但在实践中仍然面临着一些困境和难点，主要包括高质量人才短缺、外聘人才与本土实际之间的联系断裂、村主本身与本村外出人才的联系较弱等，这些都是乡村发展实践中亟待解决的问题。

其一，乡村发展的高质量人才仍然短缺。进入新发展阶段，农业农村在现代化的趋势下，对全面推进乡村振兴所需人才数量、质量提出新的更高要求。总的来说，石桥村目前“新农人、新村民”包括南西桥公司发展吸引的部分返乡就业者、驻村工作队、专家学者、志愿者等。但是目前最大的问题依然是人才缺乏，在村的青壮年数量少，发展的中坚力量不够。在调研访谈中发现，年轻人有回乡工作的意愿，只是由于收入等因素被迫外出，背井离乡。农村大量有学历、有魄力的年轻人外出，导致村级组织干部队伍文化程度普遍较低，极大影响了村级集体经济的发展壮大。

其二，外聘人才与本土实际之间的联系断裂。乡村具有较为复杂的情境，对于地方知识的了解也是乡村治理的重要条件。而在石桥村的发展中，由于外来引进的人才不具有丰富的地方知识，在参与乡村治理过程中存在一定程度的障碍。以南西桥公司聘请的两位职业经理人为例，因为两位职业经理人非本村人，外聘过来的管理层人员因带来与本村不同的工作方式，有时难免会和本村人产生矛盾，在公司内部发生“抱团取暖”的问题。同时，在一定程度上，两位职业经理人属于公司所聘请的人员，与石桥村本身不具有利益联结的机制，因此，在公司的发展中，有时会无法兼顾石桥村村民的利益。此外，对于驻村工作队而言，在工作过程中，与村民之间的联系和交流较少，致使其与村庄的实际联系不紧密。

其三，村庄本身与本村外出人才的联系较弱。在石桥村的发展中，村庄部分村民外流之后，较多选择在外定居，回到家乡的可能性较小，因此与村庄的联系变弱，参与村庄公共事务的积极性也逐渐减弱，认为村庄事务与自己关系不大。村庄本身与本村外出人才的联系弱化，进一步造成了村庄的凝聚力不强等问题。

未来，进一步推动村庄人才振兴，培育新农人、新村民，需要着重从四个方面入手。一是大力培育农村能人队伍，充分发挥他们在乡村振兴中的引领带动作用，助力乡村振兴。石桥村的专业合作社发展已经进行较久的探索，也已经取得了较多的收益。尤其是村庄能人带头集资入股的南西桥公司，目前是村庄产业发展聚力所在。但针对存在的缺少高素质管理人才、人力资源不足、缺少资金、产业发展后劲不足等困难，需围绕产业兴旺，发挥能人带头作用，并加强“新农人”的培养，吸引能人返乡，以包村包项目、产业规模化、经营市场化等方式，围绕石桥村产业重点发展林果合作社，提高产业附加值，增加群众收入。促进村集体企业南西桥公司创新发展模式，形成集休闲娱乐、购物餐饮、绿色生态等多位一体的市场化经营模式。二是落实创业配套政策。制定配套扶持、服务措施，鼓励大众创业、草根创业、能人引领创业、精英返乡创业，培育“能人经济”，带动农民增收致富，为乡村振兴注入新血液和新动能。三是建立创业制度体系。从资金支持、服务平台、信息渠道、基础设施等方面加大投入力度，逐步补齐“短板”。四是建立健全能人信息库。加强感情沟通，吸引优秀人才返乡，为返乡创业能人提供场地和资金支持，提供创业指导、培训推介、法律援助等服务，创新发展模式，进行孵化培养，提高创业成功率。

第七章

沃土生金：闲置土地资源处置与盘活

第一节 引 言

近年来，以农业为主的传统乡村型社会正逐渐向以工业和服务业为主的现代城市型社会转变。快速的城镇化导致了城乡分割对立的二元经济结构，“三农”问题凸显。目前中国广大农村普遍存在旧厂、旧宅、废弃宅基地、空心村、抛荒地、废弃耕地等土地闲置现象，土地资源浪费极为严重。根据《中国农村发展报告（2017）》的数据，中国每年撂荒耕地近200万公顷，宅基地废弃空置近760万公顷。实施乡村振兴战略，必须坚持农业农村优先发展，建立健全城乡融合发展体制机制和政策体系，需要激活“人、地、钱”三大要素，在中国实施严格耕地保护政策下，乡村振兴不可能以占用大量耕地方式获得土地资源，而需通过盘活农村存量土地满足乡村振兴的建设用地需求①。也就是说，土地资源作为集体和农户主要的生活生产资源，其利用效率的高低和合理配置优化与否，必然会对乡村振兴发展、村容村貌、居住环境、农民收入等产生重要影响，也是有效破解“三农”问题的关键。

由于城乡要素的流动，农村居民的“离土”和兼业化悄然改变着农民

① 杨秀琴．乡村振兴中农村闲置用地的处置路径［J］．山西农经，2019（24）：1-3，6.

与承包地的关系。随着农民离农人数的增加、时间的延长及其融入城市的持续强化，其对土地的依赖度不断弱化，农业劳动力的大量析出导致部分耕地撂荒和低效利用。而建设用地的闲置主要表现在宅基地上，原因一方面是城市经济发展吸引农村劳动力进城，造成农村常住人口不断减少，进而出现宅基地的季节性闲置①。另一方面受农村经济发展的带动，农民收入增加，投资“建房热”高涨。伴随新宅的建立，老宅面临被闲置、荒废的现状。另外，长期以来农民新建住宅时宅基地审批不严，村庄规划长期缺失，加上现阶段相关政策法规对闲置宅基地的管理和退出没有具体规定，对农民违法违规占地建房行为缺乏约束，导致农村居民“人走地留”②。

面对如上问题，如何有效盘活利用农村闲置土地、挖掘其利用潜力，实现农村土地资源集约高效利用、保障城乡发展用地需求，已成为社会各界关注的热点。闲置土地资源的处置盘活往往通过综合运用国家法律、法规允许范围内的手段和方法，对其进行使用权的回收或鼓励农户重新利用，再进行价值变现和价值提升，实现资产运作和资源配置的最优化，让资源由“死”变“活”。2019 年 8 月，石桥村被列为昆明都市驱动型乡村振兴创新实验村之一。在昆明、富民两级政府的大力支持和高校专家团队的指导下，驻村工作队和村委会为实现“探索村内土地财政机制，盘活村闲置宅基地和建设用地”的目标，围绕乡村振兴积极开展了系列探索，形成了典型盘活模式和经验。

第二节　农村土地资源处置盘活的研究进展与政策安排

盘活农村土地资源，壮大集体经济，确保集体资产保值增值、农民持续受益，是乡村振兴的前提。针对长期以来集体土地资源的大量闲置甚至

① 艾希．农村宅基地闲置原因及对策研究［J］．中国人口·资源与环境，2015，25（S1）：74－77.

② 郑小玉，刘彦随．新时期中国“乡村病”的科学内涵、形成机制及调控策略［J］．人文地理，2018，33（2）：100－106.

流失问题，国务院颁布了一系列政策文件。政策文件集中关注农村集体闲置土地、林地、房屋等资源资产，旨在促进农村集体资产盘活利用，确保农村地区的资产能够得到科学合理的利用，实现资源的高效配置，推动农村集体经济的健康发展。

一、学术视角下的研究进展

在国家政策和地方实践的双重导向下，学者们开始深入关注土地闲置的相关问题。但是闲置土地的概念，并没有一个明确的描述。有些学者从闲置时间角度研究，认为土地闲置达到或超过某一时间就可以认定为闲置土地，朱林兴认为一般以农作物的生长周期作为参考，如果某块农田荒芜时间超过 6 个月，则可将其称为闲置土地，种植受季节、天气等影响的粮食，有时候会造成土地暂时闲置①；有些学者从实际使用角度考虑，认为没有发挥土地实际生产效益的，可以被认定为闲置土地。徐洁认为闲置土地的界定不仅仅要看在形式上是否被利用，更重要的是要判断是否被实际利用并产生效益②。我们认为，上述定义均存在标准模糊的问题，广义上来说，农村闲置土地应包括撂荒或低效承包地、完全或季节性闲置的建设用地以及“四荒地”，不仅包括闲置的耕地、宅基地以及水利设施等，还包括所有没有发挥实际利用价值或者发挥价值低的土地。

农村土地的闲置存在诸多不良影响，为此众多学者从不同方面进行了分析。当村庄中的宅基地闲置情况逐渐严重时，将会形成“空心村”现象。“空心村”中旧房年久易倒塌，易成为安全隐患；或被出租给外人使用，可能引发社会治安问题，影响农村精神文明建设；同时“空心村”可能形成贫富落差，助长违法活动，有失公平，甚至造成恶性循环。③ 另外，农村土地闲置不仅造成经济损失和人地矛盾增加，还有可能导致土地质量的下降，尤其是在山区，土地闲置造成的影响更加明显。④ 总体而言，农村土地闲置的危害主要体现在三个方面。①造成社会宝贵资源的大

① 朱林兴．土地闲置问题的严重性、成因及其处置［J］．探索与争鸣，2006（11）：8-12.
② 徐洁，刘彬斌，段建南．农村闲置土地的界定分析［J］．现代农业科技，2014（13）：341-343.
③ 杨亚楠．农村宅基地闲置状况研究综述［J］．现代农业科技，2008（14）：281-282，284.
④ 钱立文．农村闲置土地的成因与对策分析［J］．沿海企业与科技，2009（10）：69-71.

量浪费。随着我国经济的持续快速发展，对土地资源的要求也越来越迫切，特别是在发达地区，土地已成了稀缺资源。因此大量的土地被闲置不用就是社会资源的严重浪费。②减少社会经济效益。因土地延迟开发，正常情况下项目建成后理应产生的社会经济效益，包括提供就业机会、税收等将被迫推迟实现或难以实现，从而造成了实实在在的损失。③诱发投机炒作。若以囤积居奇、牟取暴利为目的而形成闲置土地，则其后果更严重，它将人为地推动地价、房价攀高，滋生房地产泡沫，进而诱发泡沫经济甚至金融危机，给国民经济运行带来潜在隐患。[①]

针对以上问题，王小映认为盘活农村闲置土地，必须要把当下政策实施与长远制度完善有机结合，有效发挥政府“有形的手”和市场“无形的手”的共同作用。主要的方向在于：①健全土地有形市场，依靠市场引导盘活闲置土地；②完善土地收购储备制度，依靠政府手段盘活闲置土地；③规范土地抵押贷款，预先防范形成闲置土地。[②] 面对农村闲置土地的多样性特征，王滔等提出了切实贯彻三个“最严格”的土地管理制度、健全农村闲置土地处理的制度和法规、研发农村闲置土地利用与管理技术、完善政府的农村闲置土地问题处理职能、保护农民合法权益等对策和建议。[③] 张容军等认为在土地供给侧背景下加快农村土地市场结构性改革，提升土地质量和数量，引进土地资本技术的创新，解决农村土地用地供需矛盾，加快农村土地流转，对提高农村闲置土地利用率、促进农村生产生活方式转变和经济结构的发展具有重要意义，也是实现土地资源可持续发展的重要方面。[④]

另外，宅基地盘活利用是目前学界研究的焦点。在宅基地流转模式方面，各地政府探索出多种模式，典型模式包括天津的“宅基地换房”[⑤]、

---

① 孔小伟．我国闲置土地处置中的政府功能与政策选择分析［J］．经济与管理，2015，29（2）：36－40.

② 王小映．健全机制、让闲置土地不闲［J］．中国土地，2005（8）：10－11.

③ 王滔，段建南，杨君．基于“三个最严格”的农村闲置土地问题分析［J］．江苏农业科学，2012，40（8）：397－400.

④ 张容军，段建南．供给侧改革背景下农村闲置土地的概况与利用研究［J］．江苏农业科学，2017，45（19）：39－45.

⑤ 杨成林．天津市“宅基地换房示范小城镇”建设模式的有效性和可行性［J］．中国土地科学，2013，27（2）：33－38.

重庆的“地票交易”① 以及浙江嘉兴的“两分两换”② 等。农村宅基地退出模式方面，研究呈现多样化特征，如基于空间形态差异的整村搬迁、原址改造、迁村并点模式③，实施主体不同的政府主导、完全市场主导和“市场主导—政府监控”模式④，以及考虑土地发展权的宅基地换房、宅基地收储和市场化交易模式⑤⑥等。另外，宅基地退出机制概念主要包括农村宅基地退出的“引力—压力—推力”三力协调机制⑦、资金保障和利益保护机制⑧、多元化补偿机制⑨等。在闲置宅基地盘活路径方面，针对不同的具体问题，学者构建了不同的路径。在自上而下的镇域分区和自下而上的村庄分类基础上，构建了按照一定时序采取整理、储备及保留的渐进式盘活路径⑩。针对远郊“空心村”可以通过增减挂钩进行复垦整理，针对具有旅游资源且有开发价值的村庄可以通过“地+房”入股、联营等途径引入社会资本发展新产业新业态⑪；针对“一户多宅”和村内空置宅基地可通过制定激励措施回收，对废弃的危房和闲置附属用房可统一拆除

① 顾汉龙，刚晨，王秋兵，等．重庆市地票交易的空间分布特征及其影响因素分析［J］．中国土地科学，2018，32（2）：48-54.

② 宁爱凤．制度变迁理论与农户“两分两换”实证研究：基于浙江嘉兴的调查［J］．开发研究，2010（3）：64-67.

③ 张世全，彭显文，冯长春，等．商丘市构建农村宅基地退出机制探讨［J］．地域研究与开发，2012，31（2）：82-85.

④ 朱烨辛．关于不同经济状况农民对宅基地置换工程补偿满意度的实证研究［J］．安徽农业科学，2008（10）：431.

⑤ 李长健，胡鹏．我国农村宅基地退出困局及机制化弥合：基于农民权益保护的视角［J］．湖湘论坛，2017，（3）：110-114.

⑥ 魏后凯，刘同山．农村宅基地退出的政策演变、模式比较及制度安排［J］．东岳论丛，2016，（9）：15-23.

⑦ 欧阳安蛟，蔡锋铭，陈立定．农村宅基地退出机制建立探讨［J］．中国土地科学，2009，（10）：26-30.

⑧ 张长春，高泽崇，李昕，等．河北省农村宅基地退出模式类型划分与选择［J］．江苏农业科学，2013，（4）：393-394.

⑨ 彭长生．农民分化对农村宅基地退出补偿模式选择的影响分析：基于安徽省的农户调查数据［J］．经济社会体制比较，2013，（6）：133-146.

⑩ 郑红玉，卓跃飞，吴次芳，等．基于减量化目标的农村宅基地整理分区及模式优选［J］．农业工程学报，2017，33（12）：270-277.

⑪ 王梅，乔亮亮，徐防．农村集体建设用地的利用和规划管理：以湖北省武汉市为例［J］．中国土地，2018（6）：44-46.

就地复垦为耕地，对其他分散农房在归并整合后再进行置换[①]。

综上所述，可见农村闲置土地研究不是新课题。多年不同政策背景下的连续研究，在农村闲置土地的概念、界定、成因、弊端、应对和解决方案等方面产生了丰硕的成果。从现有政策来看，完善农民闲置土地盘活创新机制、推进农村土地盘活及依法规范利用行为是当前深化农村土地制度改革和乡村振兴的重要任务。其主线是要处理好农民和土地的关系，各地区结合实际，发展具有本地区特色的盘活利用模式，起到优化农村土地资源配置，释放农村土地资产红利的重要作用，促进城乡一体化发展。在实践过程中值得注意的是：首先，盘活利用闲置土地的关键在于真正解决好农民的生活保障，不能因为盘活利用土地而使其生活水平下降、就业受到影响；其次，让农民群众明白这种变化的意义，并拥有充分的自主选择权，使得调整更加科学合理、平稳有序；最后，要做好配套的产业支撑和公共服务，走产业集聚和人口集聚结合的新型城镇化道路。从现有研究来看，仍存在一些不足之处，主要表现在：目前学界围绕不同发展阶段的农村的不同类型土地如何盘活、盘活后如何保障等方面的理论研究成果还较少，研究方法也较为单一。另外，由于农村闲置土地的盘活利用工作的重点是支持培育盘活利用的多元主体，加上集体土地利用属于典型的公共事务治理问题，治理主体是多元而非单一的。而从现有文献来看，关注点往往在于政府和村委会，基于多元主体治理视角对利益相关者如企业、农户等的研究还较少。

二、实践视角下的政策安排

2015 年，中共中央办公厅和国务院办公厅联合印发了《关于农村土地征收、集体经营性建设用地入市、宅基地制度改革试点工作的意见》，意义重大的“三块地”改革拉开序幕。2016 年，《国务院关于深入推进新型城镇化建设的若干意见》提出要“完善土地经营权和宅基地使用权流转机制”，“鼓励地方建立健全农村产权流转市场体系，探索农户对土地承包权、宅基地使用权、集体收益分配权的自愿有偿退出机制，支持引导其依

① 张坦坦．宜居乡村空间集约化利用研究［J］．建筑科学，2018，34（6）：109－114.

法自愿有偿转让上述权益，提高资源利用效率，防止闲置和浪费”。[①] 在早期城乡建设用地增减挂钩政策框架下，我国部分地区积极探索，涌现出了一些有代表性的宅基地退出和盘活实践模式，如天津“宅基地换房”模式、浙江嘉兴“两分两换”模式、重庆“地票”模式、成都温江“双放弃”模式等。虽然上述地区的宅基地退出实践取得了一些成效，但在实施中存在农民参与度低、农民获得的补偿不合理、农民住房保障力度不够等问题，实践成果并没有对完善农村宅基地制度、深化农村改革发挥出有力的推动作用。由此，中央继续印发政策文件关注建设用地盘活问题，《国务院办公厅关于支持返乡下乡人员创业创新促进农村一二三产业融合发展的意见》提出：“城乡建设用地增减挂钩政策腾退出的建设用地指标，以及通过农村闲置宅基地整理新增的耕地和建设用地，重点支持返乡下乡人员创业创新。”随后，文化和旅游部等17个部门印发的《关于促进乡村旅游可持续发展的指导意见》提出，“在符合生态环境保护要求和相关规划的前提下，鼓励各地按照相关规定，盘活农村闲置建设用地资源，开展城乡建设用地增减挂钩，优化建设用地结构和布局，促进休闲农业和乡村旅游发展”。

农村建设用地中，宅基地这块“大蛋糕”的盘活至关重要。2018年，《中共中央　国务院关于实施乡村振兴战略的意见》提出：“完善农民闲置宅基地和闲置农房政策，探索宅基地所有权、资格权、使用权‘三权分置’，落实宅基地集体所有权，保障宅基地农户资格权和农民房屋财产权，适度放活宅基地和农民房屋使用权。”[②] 2019年9月20日，中央农村工作领导小组办公室、农业农村部印发《关于进一步加强农村宅基地管理的通知》，鼓励节约集约利用宅基地，鼓励村集体和农民盘活利用闲置宅基地和闲置住宅，提出严格落实“一户一宅”规定，继续鼓励以自主经营、合作经营、委托经营等方式依法依规发展农家乐、民宿、乡村旅游等。[③] 同

---

① 国务院关于深入推进新型城镇化建设的若干意见［EB/OL］.［2016-02-06］http://www.gov.cn/zhengce/content/2016-02/06/content_5039947.htm.

② 中共中央　国务院关于实施乡村振兴战略的意见［EB/OL］.［2018-02-04］http://www.gov.cn/zhengce/2018-02/04/content_5263807.htm.

③ 中央农村工作领导小组办公室　农业农村部关于进一步加强农村宅基地管理的通知［EB/OL］.［2019-09-20］http://www.moa.gov.cn/nybgb/2019/201910/202001/t20200109_6334692.htm.

年9月，自然资源部等7部门对“十三届全国人大三次会议第3226号建议”作出明确答复：“农民的宅基地使用权可以依法由城镇户籍的子女继承并办理不动产登记。”[①] 这不仅解决了“在农村的想出去”的后顾之忧，也为“在城市的愿回来”提供了制度保障，进一步推进村集体和农民盘活利用闲置宅基地和闲置住宅。近年来，在宅基地制度改革试点政策框架下，各试点地区积极探索。鉴于不同地区发展阶段，发达地区聚焦于“闲置宅基地利用模式”，如周庄特色田园乡村发展的节地模式、上海“睦邻四堂间”模式等；欠发达地区偏向“宅基地自愿有偿退出机制”，具有代表性的有金寨县“货币+宅基地”退出模式、宁夏平罗县“收储式”退出模式和江西余江区“村民自治”模式。试点政策取得了较好的改革成果，有效盘活了农村存量建设用地，激活了农村土地资源。

第三节　实验前石桥村面临的闲置土地利用困境

明确土地利用存在的问题是激活农村闲置资源的前提和关键。依据课题组长期驻村调研结果，石桥村共有耕地201亩，其中人均耕地有0.74亩，主要种植有草莓、玫瑰花、玉米、豌豆等，林地484亩，宅基地（包括全村每户住房庭院）90亩，此外还有集体用地50亩，其中农贸市场8.3亩、活动中心4.5亩、小游园5.6亩、花果山基地31亩，村集体土地全部流转给酿酒厂、菌类培育厂、零件组装厂和南西桥公司。在石桥村实验项目开始之前，村庄面临着大量承包地利用效率低下、公益性用地大量闲置、“一户多宅”和农房闲置以及村庄自我盘活能力不足等问题。

一、承包地利用效率低下

由于农业作为弱质产业，“现在化肥、种子等农资价格上涨幅度快于粮价上涨幅度，种粮比较效益越来越低，种一亩粮的收入还比不上外出打

① 自然资源部等7部门明确农民的宅基地使用权可依法由城镇户籍子女继承。http://www.mnr.gov.cn/dt/ywbb/202011/t20201126_2590097.html.

几天工"[①]，而农民的各项生活成本却在持续增加，单靠“人均承包一亩地、户均不过十亩田”，已难以为农民提供生存保障[②]。近年来，随着石桥村人口不断向城镇转移，农业从业人员占比不断下降。越来越多的离农、进城农民处于“离地”但不“弃地”的状态，将承包地交由上一辈老人耕种或流转至种植大户。在整个过程中，如果村集体管理不佳，农民承包地往往出现“明耕暗弃”的问题，从而导致村庄整体承包地利用效率低下。主要表现在两个方面。其一，石桥村承包地呈细碎化，人均耕地面积不到1亩，多数由60岁以上老人耕种。由于地理和土壤问题，该村多数土地只适合种植玉米和豌豆，不仅产量较低，而且相较于成本投入，经济价值极低，每亩年利润只有2 000元，仅仅可供日常自给自足。其二，村内的50亩林地出现大面积的低效利用。出于历史原因，大量林地原先被用来种植玉米和洋芋等作物，每亩年产值不超过600元。后因整改，林地开始出现闲置问题。

二、公益性用地大量闲置

农村土地除了基本的承载与产出功能外，还有一种重要的作用就是作为农村社会公共利益的重要载体。集体公益用地由古代的公田、学田等演化而来，与现代农村宅基地、承包地等自益型、私用性质土地不同，农村集体公益用地属于集体公益性建设用地范畴，具有公益性、集体成员共益性。[③] 但随着城乡融合加速，村落共同体的孤立与封闭状态逐渐被打破。在市场经济和城市化的双重影响下，乡村社会的原子化、“空心化”、过疏化、空巢化趋势越来越严重，农民的流动性与独立性增强，农村社会群体的成分日益复杂。农民对集体的认同感与归属感逐渐淡化，加上公益性设施建设存在一定的质量问题，导致传统的农村集体公益用地凝聚功能逐渐

---

① 中共中央党史和文献研究院．习近平关于“三农”工作论述摘编［M］．北京：中央文献出版社，2019.

② 刘同山，吴刚．城镇化进程中农村土地退出及其优化利用［J］．江南大学学报（人文社会科学版），2021，20（4）：27-38.

③ 余敏，梁亚荣．社会转型视域下农村集体公益用地功能变迁与现实回应［J］．南京农业大学学报（社会科学版），2018，18（2）：109-116，161.

淡化。实验之前，石桥村集体资产中主要有两处公益性用地处于完全或间断闲置的状态。一是 4.5 亩的村庄公用活动中心，主要用于红白喜事，但每年的使用天数仅 20 天左右，处于间断闲置；二是 5.6 亩的小游园，建设之初是为村民提供锻炼和休憩场所，但是建成后草木旺盛，出现大量蛇虫，村委会多次捕杀，效果始终不如人意，导致其自 2012 年建成以后一直闲置至今。

三、“一户多宅”和农房闲置

农村宅基地和住宅是农民的基本生活资料和重要财产，也是农村发展的重要资源。近年来，石桥村“一户多宅”和宅基地、住宅闲置浪费问题日益突出。其一，在城镇化快速推进过程中，城乡就业比较收益差距不断拉大，推动农村富余劳动力大规模进城务工。从外出务工的时间和空间上划分，既有离土不离乡的“候鸟式”务工，也有离土又离乡的常年外出务工。一方面，部分农民随着工作的稳定、收入的提高，考虑到子女教育，最终决定在城市购房定居或租住在城市中，仅在过年过节或农忙时期回乡短暂居住。外出务工农民的短期流动和往复进城造成石桥村部分宅基地的“季节性闲置”。其二，由于农村社会保障体系尚不健全，农村宅基地实际上承担了重要的社会保障功能，是进城农民生产生活的最后一道防线。即便这些外出务工农民没有在村内居住的需求，也不愿放弃在村内的宅基地及农房，从而使宅基地长期处于低效利用状态。其三，对于多数通过读书、工作实现“农转非”并在城市购买房屋的村民，宅基地私有化的观念根深蒂固，即使不再居住，也会将宅基地作为私有财产保留，以期为未来养老提供保障或单纯地进行资产积累。此外，这部分农民的知识水平、经济收入、个人见识往往超过当下农村的平均水平，对宅基地相关问题的了解甚至超过村中专门负责宅基地整理的工作人员，其对于宅基地退出有着更高的要求，因此大大增加了宅基地闲置问题的解决难度。

实验之前，村内完全闲置的农房有 20 幢左右，一般为农户新建房屋后闲置的老宅。部分闲置的农房是村民自己正在居住但仍有富余的空间，村内有约 50 户家里有两三间空置的房间，每间面积 12 平方米左右。每家房前屋后利用不高的空间都有 0.5～1 亩。按照市乡村振兴局的要求，驻村工作队紧密配合石桥村委会做了民房的统计工作。经初步统计，石桥村当前共有闲置房产的农户达 23 户，涉及房屋 24 幢，房间总面积约5 220 平方米，院落总面积约 3 920 平方米（表 7－1）。另外，石桥村闲置民房大多分布在村落边缘，这与改革开放后经济发展而导致的村落拓展有关，这些房产均属于改革开放以后建设的砖混结构房屋。

表 7－1　石桥村闲置宅基地和农房信息表

分布区域	农户户数（户）	涉及房屋幢数（幢）
小游园周边	5	5
昆禄公路进入南西桥公司入口、石桥村北村口	2	3
昆禄公路边村北段	7	6
烤火器厂旁，村主干道上下方	2	2
村南昆禄公路两侧	6	6
南营老年活动中心村对面	1	2
合计	23	24

四、村庄自我盘活能力不足

石桥村的闲置土地资源体量大，且地理分布较为分散，改造难度大，如果想要充分利用好这些闲置资源进行统一的规划和布局，需要前期大量的资金投入，才能呈现出比较不错的效果。实验之前的石桥村集体经济不发达，加之该村既没有受到政府较大力度的关注和资金支持，也没有大量外来资本进入，缺乏对闲置资产盘活的启动资金和能力，因此村集体不具备支付农户土地资源流转或退出补偿等资金的条件，即便村集体流转了大部分土地的使用权，也无力对闲置土地进行合规的改造和合理利用，难以激发土地增值效益。

由此，目前在石桥村土地资源实践中，并不具备流转或回收土地之后进行价值变现和价值提升，实现资产运作和资源配置的最优化的能力，导致农户仅仅只获得低于预期的流转租金，更别说能享受到土地的增值收益，进而导致村民的配合度不高。另外，村民对于闲置的资产并没有自主经营的意识，没有发现闲置资产的价值所在，这些都需要经历“唤醒—带动”的过程。更为重要的是，闲置资产盘活过程中农户个体与集体的关系、农户集体与外部投资者的关系复杂，产权模糊，许多矛盾难以调和，调和不好甚至会影响乡村社会的安定。

第四节　闲置土地资源处置盘活的石桥实践

2019年，石桥村被列为昆明都市驱动型乡村振兴创新实验村后。昆明市发布“探索村内土地财政机制，盘活村闲置宅基地和建设用地”指导性文件，即《都市驱动型乡村振兴创新实验区建设工作方案》，明确提出：要坚持“土地公有制性质不改变、耕地红线不突破、农民利益不受损”的底线，积极探索宅基地“三权分置”，落实宅基地集体所有权，保障宅基地农户资格权和农民房屋财产权，适度放活宅基地和农民房屋使用权，推动宅基地和农房通过转让、互换、赠与、继承、出租、入股、有偿退出、集体收购等方式规范流转，积极利用闲置农房发展乡村旅游、民宿，开展农民住房财产权抵押等方式盘活农村房地资源。探索村级有偿收回的限制宅基地、废弃的集体公益性建设用地转变为集体经营性建设用地入市的具体路径。探索村级集体经济组织灵活利用现有生产服务设施用地开展相关经营活动的具体方式。依据该政策的方向，石桥村制定了《石桥村老宅和宅基地使用权登记备案方案》、《石桥村土地资源管护开发利用管理办法》以及《石桥村建房管理制度》，从制度上规范了土地资源的使用和管理，并进一步推进闲置土地资源的整理与盘活工作。

一、集中规划低效承包地

为了石桥实验区产业开发与发展，以发展石桥村的村集体经济为根本目标，以“康旅”为产业发展基本理念与努力发展方向，石桥村按照《永定街道石桥村都市驱动型乡村振兴创新实验区建设实施方案》中提到的“严格土地制度规定，实现村庄经营市场化”的基本要求，对村内低效承包地进行集中规划。

在农业规模化和专业化生产的要求和背景下，多年来家庭联产承包责任制导致内生的土地碎片化经营的现实困境日益显现，加之地权不稳定性进一步导致农村土地生产效率长期无法提升，最终成为制约石桥村承包地低效利用的制度性障碍。土地流转契合农业现代化发展需要，有助于优化农村土地和劳动力要素市场化配置，既能实现土地本身价值，又可释放农村劳动力活力，是推动农村经济发展的必然路径。① 早在 2014 年，村庄就因为建设草莓基地而流转低效承包土地 120 余亩，村集体采用了土地入股的方式，以每亩 1 800 元的价格流转，以土地亩数年底获得分红，流转村民土地种植草莓 120 亩左右，年产量可达 33 吨，销售额可达 150 万元。草莓基地此前为村民水田，种植水稻、蚕豆等作物，目前种植草莓年产总值是之前的 6 倍。

七彩花海

基于草莓基地的成功经验，在实验期间，沿着土地流转的"合作社＋农户＋租金"的思路，石桥村委会继续发展特色林果采摘园，通过对土壤和环境的考察，开始了李子基地的建设。草莓基地示范效应提升了农户流转土地的积极性，共 100 亩土地就全部流转到南西桥公司。2019 年，南西桥公司侧面的山坡上种植了 100 亩 4 000 多棵半边红李子。截至 2020 年，100 亩半边红李子的总产值达到 24 万元，是村民种传统农作物

① 张永峰，王坤沂，路瑶．土地流转如何影响农户收入增长：基于规模经济与要素配置的视角[J]．农业经济与管理，2021（5）：83－93.

收入的4倍。当李子树进入丰产期，产值可在100万元以上，效益更加可观。另外，南西桥公司还利用流转得到的土地建成观光花海20余亩，种植食用玫瑰、油菜花等花卉品种七八个，供游客观赏的同时，玫瑰花还被用于南西桥公司餐厅鲜花饼制作，为餐厅创造经济效益。更值得一提的是，在流转之后，一方面，农户每亩每年可以获得1 500元的租金，另一方面，原本被低效承包地限制的劳动力得到解放，多数流转后的农户被吸纳到南西桥公司作为服务员等，进一步提高了村民个体的工资性收入。

二、文化赋能闲置公益用地

公益性公共设施用地是集体建设用地的一种类型，包括乡村行政办公、文化科学、医疗卫生、教育设施、生产服务和公益事业、乡村道路、水利设施、防洪设施等所需要的土地。该类型土地是农村中各项事业发展的基础，也是农村文化系统的重要组成部分，应该与农村社会和经济的发展相互协调。作为石桥村公共闲置资产的小游园共有5.6亩，自建成以后一直闲置至今。项目启动以来，经过中国农业大学教授的反复商讨，最后决定将其作为教授工作站的选址。通过对云南传统民居"滇中一颗印"的保护，探索"乡村特色文化传承与保护机制"与"闲置土地资源处置盘活机制"的结合。

富民县城白依庵街有一座四合院，设计古朴、典雅，木质上乘，结构严谨，造型大方，保存完整，至今已有百年历史，但是由于街道拆迁，这一院落很难被完整保护好。村集体按照文物管理的相关要求，为了让其发挥出更大的文物价值，展示四合院建造的独特艺术，利用乡村振兴项目资金购买，并将其整体移建到石桥村。另外，中国农业大学的专家团队每天在不同的时段前往小游园观察与调研，小游园原有的圆环设计和中间的树犹如一个日晷，体现昼夜变换，并且这里植被覆盖率高，远离道路的喧嚣，与充满人间烟火气的南西桥公司形成一静一动，动静结合，所以最终将四合院的选址定在了这里，由于其背靠九峰山，即将其命名为九峰书院。

经过前期慎重、专业的选址和测量，石桥村小游园项目四合院拆除复

九峰书院改造前

九峰书院改造后

建工作开始组织报名，进行竞价招标，最后共有三家施工方竞标，符合询价规定。随后，石桥村在村务中心召开都市驱动型乡村振兴创新实验区民宿四合院拆除复建工程择优比选会，确定施工方。小游园四合院拆建工作正式开始后，因为古老的四合院的榫卯结构、砖瓦、房梁等结构都比较复杂，为了真正做到修旧如旧，最大限度地保留四合院的原貌，木匠们将每一段木材都进行了编号，对瓦片也进行了很好地保存，分批次运回石桥村，整个过程顺利有序，为之后四合院的修复奠定了良好的基础。四合院的拆除复建工作不仅仅包括四合院主体的拆除和复建，还包括基础清理施工以及材料采购等，为了最大限度地节约项目资金用于村集体的建设和发展，经过村委会和项目建设小组和理财小组的讨论决定，采用单包工的形式降低成本。为了项目的顺利进行，石桥村项目理财小组和管理小组在 1 个月内共召开了 20 余次会议和 4 次村民户主大会，商讨询价、合同签订等工作。

盘活后的小游园和九峰书院一方面为石桥村增加了一处旅游休闲景观，承载了滇中建筑文化积淀和九峰山的民俗风情，另一方面，未来教授工作站将打造为高档民宿四合院，由南西桥公司代为管理经营，村集体收取租金，以壮大村集体经济。

三、文旅盘活闲置宅基地

石桥村首先制定了相关的制度规范，依据制度进行土地清查，保障宅基地公平使用之后，探索出了“公司经营、集体分红”和“农户自主经营”两种模式，不仅在一定程度上解决了宅基地闲置问题，提高了宅基地盘活效率，更增加了农户经营性收入。

（一）健全制度：闲置宅基地盘活的基础

石桥村通过“一会四议两公开”设立一系列制度，如《宅基地建房制度》规定了农户建房需经村民小组、村委会及街道办同意并取得相关手续后方可建房，户与户之间必须各自退让 30 厘米、村民建房占地面积不得超 120 平方米，高度不超 4 层，总建筑面积不超 300 平方米，规定了违反制度的惩罚方式；《土地资源管护开发利用管理办法》规定住房建设应当遵循规划先行、一户一宅、因地制宜、生态环保的原则，体现当地历史文化、地域特色和乡村风貌。农村村民出卖、出租、赠与住宅后，再申请宅基地的，不予批准；《石桥村老宅登记备案办法》对石桥村建成时间大于 40 年的老宅进行规范化管理，加强了对现有老宅的利用和保护，保护了老宅现有所有权人的合法权益；《石桥村老宅和宅基地使用权登记备案方案》要求对石桥村 40 年以上现保存完好又可以通过改造再利用，对能产生社会效益和经济效益的老宅和宅基地进行登记备案。推动老宅和宅基地通过转让、互换、出租、入股、有偿退出、集体收购等方式规范流转，积极利用盘活的老宅和宅基地发展乡村旅游和民宿经济，巩固深化石桥村集体产权制度改革成果，着力培育“资源变资产、资金变股金、农民变股东”的“三变”典型（案例 7－1）。

案例 7－1：

石桥村老宅和宅基地使用权登记备案方案（节选）

四、老宅和宅基地资源定价及流转主体

（一）以召开村民大会的方式讨论拟定老宅和宅基地使用权流转单价，进而确定村内老宅和宅基地流转单价。

（二）开展闲置老宅和宅基地使用权流转盘活的双方仅限本村村民和村集体，外来人员需要流转的，只能与村集体进行流转。

五、实施步骤

（一）盘清老宅和宅基地权属情况

按照老宅和宅基地所有权、资格权、使用权“三权分置”方式进行，在摸清石桥村村内闲置老宅和宅基地底数的基础上，盘清每一宗闲置老宅和宅基地权属情况，并提出盘活利用初步意见。

（二）分步开展老宅和宅基地使用权盘活

针对石桥村现有老宅和宅基地情况，结合实验村项目资金、村民意愿等实际情况，分两个阶段实施：

第一阶段：集中打造民宿示范区（2020 年 12 月前）

建设产权为村集体的精品民宿四合院 1 栋，农户民宿改造 3 户。以石桥村村内特色民宿为依托，进行统一规划、统一装修，统一要求。并实施“五统一”：统一规格，统一外立面，统一颜色，统一设计风格和统一管理。

第二阶段：全面改造阶段（2021 年 12 月前）

特色旅游民宿改造 10～15 户，客房 30～45 间，房屋整体外立面改造，选取示范户打造民宿、咖啡厅、餐馆、餐吧示范区，通过示范户以点带面推广，盘活资产增加农民收入。

（二）土地清查：宅基地使用公平的保障

为了最大限度地盘活闲置资产，创造更大的社会效益，石桥村首先弄清楚了到底有多少“家底儿”，开展了土地资产的清查、评估工作。石桥村设立的制度规定，凡属于一户多宅的，都需尽快进行地上资产评估，收回闲置的宅基地，作为集体资产进行运营，为了保证农户的利益不受损，还要按照地上物评估进行补偿，防止农户抬高价格。不属于一户多宅但已无人居住的，可以与农户协商将其流转到集体，由集体向农户支付流转金；或农户以宅基地入股，与集体形成股份关系，由集体进行经营，利益共享。针对非住宅类农房，可以通过流转到集体或由集体租用、集体买断的方式，进行集体经营、提高收益。总之，要在不损害农民利益的前提下，最大限度地发挥闲置资产的经济价值和使用价值，实现乡村振兴的总要求。

另外，按照市乡村振兴局的要求，驻村工作队紧密配合石桥村做好民房的统计工作。经初步统计，石桥村当前共有闲置房产并愿意对外租用的农户 21 户，涉及房屋 24 幢，房间总面积约 5 220 平方米，院落总面积约 3 920平方米。工作队详细地对房屋的区位、闲置房产位置、建筑结构类别、住房面积、院子面积、拟出租金额、拟出租年限以及改造要求等基本情况进行了拍照和摸底，并对其优点进行描述，以供后续盘活，如案例 7－2。

案例 7－2：

石桥村闲置房产信息表（节选）

户主姓名：朱某

闲置房产位置：小游园旁

建筑结构类别：砖混，整幢，3 层

住房面积：250 平方米

院子面积：200 平方米

拟出租金额：2 万～3 万元/年

拟出租年限：10 年

改造要求：同意

优点概述：庭院宽敞，方便停车；面对小游园，视觉开阔；地处村后，环境幽静；面前的小游园绿化条件较好；有楼亭一座，可作观景用

户主姓名：苏某
闲置房产位置：南西桥公司入口段路旁
建筑结构类别：砖混，整幢，3 层，可用顶层
住房面积：80 平方米
院子面积：200 平方米
拟出租金额：1 万元/年
拟出租年限：15 年
改造要求：同意
优点概述：庭院宽敞，方便停车；房后临公路，门前即路；墙体彩绘，环境幽美；房后有菜地

（三）公司经营：宅基地盘活效率的提高

南西桥公司是石桥村宅基地盘活和后续经营的主体。南西桥公司成立初期，在 11 名党员带动下，全村 68 户村民中，有 54 户村民积极筹措 510 万元资金，主动入股南西桥公司，实现了村民变股民。企业通过发展经营自 2021 年起按股分红，石桥村村民将得到第一次经营性股份收入。2020 年，石桥村集体以集体闲置土地、项目资金预计折价 300 万元入股南西桥公司，占公司股份预计 20%。自 2021 年起，村集体实现闲置资源盘活并增加股份收入，村集体收入扩大，在预留村集体公用经费后，村集体收益可以向村民二次分红。也就是说，南西桥公司、石桥村集体和农户逐渐形成发展和利益的共同体。

闲置宅基地盘活利用要统筹考虑区位条件、资源禀赋、环境容量、产业基础和历史文化传承等因素，选择适合本地实际的农村闲置宅基地和闲置住宅盘活利用模式。石桥村的区位条件异质性决定了其宅基地再利用的独特地域特征。其一，石桥村具有良好的区位发展优势，到市的通勤距离在可接受的范围内。其二，受城镇化的影响较大，宅基地的财产价值显化度较高，农户家庭住房除满足自用外，也具有流转的需求。其三，作为石桥村支柱产业基地的南西桥公司，年接待游客量 10 万人次，年营业额超 700 万元。项目扩大经营将向石桥村延伸，为石桥村民发展民宿、餐饮等

配套服务创造了良好条件，也促使石桥村闲置宅基地的利用以休闲和餐饮为主要特色民宿的基础。因此，石桥村形成了“能人牵引＋村民入股＋政府投入＋公司运营”模式，并以公司为核心进行宅基地盘活。2020 年 12 月，基于工作队的闲置房产情况信息表，石桥村村民代表会议研究选择 2 户村民闲置农房，流转给南西桥公司经营，通过乡村振兴项目款 30 万以及县农业农村局借款 50 万作为第一批资金来进行改造建设民宿，流转到期后返还给农户使用。2022 年，其中 1 栋民宿已经改造、装修完成并投入运营。初步商定前 8 年固定每年交给村集体 4 万元租金，后续根据具体运营和盈利情况与村民和村集体按比例分红，更方便地对接市场，进一步激活生产要素，优化资源配置，增强农村发展活力，助力乡村振兴。

（四）自主经营：农户经营性收入的增加

2019 年 9 月，中央农村工作领导小组办公室、农业农村部发布了《关于进一步加强农村宅基地管理的通知》，提出“鼓励村集体和农民盘活利用闲置宅基地和闲置住宅，通过自主经营、合作经营、委托经营等方式，依法依规发展农家乐、民宿、乡村旅游等”，其中首先提到的便是农民自主经营闲置住宅，发展民宿。一方面，从市场评价的角度来说，现今我国旅游市场发展势头强劲，特色鲜明的民宿受到越来越多游客的欢迎。民宿作为一种利用闲置房屋和乡土环境来提供以住宿为主的旅游度假服务的行业，可以充分利用现有空间更好地发挥土地效益。另一方面，实施乡村振兴战略，核心目的是让乡村人民群众的生活好起来。乡村振兴战略系统性地整合了农村各项发展要素，强调坚持农民的主体地位，也就是确立农民作为乡村全面发展的主体地位。但是，乡村产业成长潜力和基础设施发展水平决定了农民群体是否愿意更长久地在此就业和从事经营活动。

石桥村位于昆禄公路旁，穿梭而过的长途大车络绎不绝，因此，在公路两旁的农户闲置住宅若进行民宿或餐饮经营便具有天然稳定的人流量和客源。另外，随着实验村项目的推进，加上环境整治工作围绕休闲旅游业发展的各个环节进行，有针对性地为实验村特色产业发展营造了良好的环境，各项基础设施不断完善。在南西桥公司品牌效益的带动下，村庄人流量不断增多，迎来越来越大的发展商机，吸引了一批村民盘活自家闲置农房、自主经营。更为重要的是，多数农户作为南西桥公司的股东，往往更容易将自家民宿和公司进行合作经营，实现不同类型客源的分流以及利益的共享。“燕子”和“毛哥”两家地处公路两侧，整合继承得来的宅基地以及出村打工儿子的住宅，通过装修将除自家生活之外的空间用于自主经营餐饮以及民宿，两家分别定位不同档次的客户群体，也在一定程度上避免了竞争。另外，由于两家拥有南西桥公司股份，当旺季南西桥公司的客房容纳不下时，便会推荐至两家民宿。而两家每年都可以分到温泉券 48 张，在两家民宿的客人可以以优惠的价格购买温泉券，进入南西桥公司生态休闲园进行温泉体验。

由上可见，村集体依靠自然禀赋条件，以南西桥公司为核心，在提高农产品质量和交通物流设施建设水平的基础上，结合旅游开发、温泉康养、休闲农庄和聚集分散农户等发展复合型多样化经营模式。因此，在农民个体资源禀赋不足的情况下，石桥村在外部客体扶持下，正视农民内生性需求，培育农民的自我发展能力，完善“公司—集体—农户”的利益分配机制，持续为乡村振兴提供内生动力，增加了农户的经营性收入。

改造后的民宿户外景

改造后的民宿户内景

第五节　闲置土地资源盘活的石桥经验与挑战

富民县为顺利推进都市驱动型乡村振兴创新实验区建设，盘活闲置农村土地资源，依照中央和昆明市的政策精神发布了一系列政策文件。

2018年12月29日，富民县发布《富民县乡村振兴战略规划（2018—2022年）》明确提到，“明晰集体所有产权关系，发展新型集体经济，实现集体资源优化配置和资产保值增值，落实农民的土地承包权、宅基地使用权、集体收益分配权和对集体经济活动的民主管理权利”，以便进一步盘活农村集体资产，不断提高农村各类资源要素的配置和利用效率，确保农民受益，农村集体经济不断发展壮大。永定街道出台的《乡村振兴战略规划（2018—2022）》提出“逐步推进农村房屋风貌整治，新建农房严格管控宅基地面积、高度和外观风貌。充分利用闲置土地组织开展植树造林、湿地恢复等活动，建设绿色生态村庄”；并鼓励农村集体经济组织及其成员盘活利用闲置宅基地和闲置房屋；探索对增量宅基地实行集约有奖、对存量宅基地实行退出有偿；开展违法多占、乱占宅基地集中清理整治。为了回应这两份政策文件的要求，实验村项目着力解决土地流转和再利用两个问题，在实践中探索出了具有石桥特色的闲置土地的处置盘活机制，但未来仍面临着一定的挑战。

一、经验总结

石桥村具有典型昆明特色村庄形态，即经济规模较小、人口老龄化问题日趋严峻、大量青壮年外出务工，而且土地资源利用集约化程度不高。在这种经济、社会和土地利用现状的背景和趋势下，出现了综合承包地利用效率低下、公益性用地闲置、“一户多宅”和农房闲置以及盘活能力不足等问题，昆明都市驱动型乡村振兴创新实验区建设项目一方面通过“村企合作”的方式，明晰了资产盘活的市场主体，提升了盘活的效率，并提供了土地盘活的不同模式，以供不同的农户主体依据自己的需求进行土地流转，另一方面通过构建“公司—集体—农户”紧密的利益联结机制，形成了发展的共同体，在一定程度上缓解和遏制了上述问题。

（一）“村企合作”：土地资源处置的盘活主体

在乡村振兴的过程中，综合诸多丰富的个案实践，衍生出乡村振兴的两条路径：一是关注村庄组织的演进态势，提出从村庄内部培育发展出企业或者农民合作社，进而带动农村工业化与城市化发展；二是立足资本、部门下乡，引企进村参与农村现代化建设，进而产生组织效率和规模化效益，实现企业资本与村庄集体组织之间的合作发展。① 可以说，以南西桥公司为主体的市场力量在石桥村发展进程中发挥了不可替代性作用。

在实验期间，石桥村以“能人牵引＋村民入股＋政府投入＋公司运营”模式打造南西桥公司生态休闲园。结合基层党建与集体经济，通过党员带头，村委会大力宣传，率先探索农村资产股份量化改革，群众以土地入股，折算为资金，良好的发展前景吸引了富民县产投公司入股投资，在农村实现了“资源变资产、农民变股东”的“两变”，开创了富民县的先例。通过村集体和企业合作，互补优势，整合资源，因地制宜地处置和盘活土地资源，形成村企合作助力乡村振兴的模式，也成为新时代实现乡村振兴的有效途径。经过两年的实验和建设，石桥村生产生活条件发生巨大变化，土地、劳动力、生态等要素资源的现实价值和潜在功能得到发掘。在南西桥公司参与盘活过程中，管理、技术、资金、人才等要素资源的市场价值得到拓展，南西桥公司和村集体通过共建的形式，彼此的资源实现共享，即将企业的资金、技术等优势与农村的土地、劳动力等资源要素相结合，以公司带动集体和农户的经营性收入增加。

（二）“多元盘活”：土地资源利用的创新模式

随着乡村振兴战略的实施和昆明都市驱动型乡村振兴实验项目的推进，尤其是近年来随着石桥村新产业新业态蓬勃发展，乡村的多功能性被各级政府部门重新审视。各类型土地的功能也发生了转变，从单一的居住功能拓展为多元复合性功能，激发了社会资本和农户投资农房进行开发经营的热情，为盘活利用存量宅基地、满足社会主体利用农村土地发展新产业新业态的需求创造了良好条件。

以此为基础，石桥村在发展过程中，通过土地流转、自主经营、文化融合等创新模式，充分盘活农村闲置土地资源。一是盘活闲置集体建设用

① 唐惠敏．村企合作的生成逻辑、政策需求与理想类型［J］．北京社会科学，2021（11）：94－105.

地，提高乡村资产收益。利用村集体闲置建设用地建设南西桥公司主体项目餐饮美食及酒店住宿区。2020年，虽然受到疫情影响，公司营业额仍然达530万元，创造了120万元的利润，2022年营业额更是达到725万，利润245万元。二是流转土地提高土地使用效益。利用流转土地建成观光花海20余亩，种植食用玫瑰、油菜花等花卉品种，供游客观赏的同时，玫瑰花用于南西桥公司餐厅鲜花饼制作，为餐厅创造经济效益。流转村民土地种植草莓120亩左右，年产量可达33吨，销售额可达150万元。流转村民旱地种植半边红李子观光采摘基地100亩，共种植了李树4 000多棵，产值可达120万元。三是通过修建四合院打造民宿酒店及文化交流中心、利用村民闲置住房改建民宿发展乡村旅游、建设共享菜地拓展土地经济价值、改造红白喜事客堂提高客堂使用效率、林地资源开发增加集体经济收入、打造节庆品牌“看见乡愁”、氛围营造展现美丽乡村等方式，最大限度盘活多种资源，产生多重收益。

（三）“利益联结”：土地资源盘活的收益分配

企业作为市场经济主体，追求利润最大化实现可持续发展是根本目的，企业通过发掘村庄内部的资源潜力，可以有效拓展自身的发展空间，降低生产成本，实现创收增值；而村委会通过企业的落户建设来增加村民就业机会，带动村庄面貌改善，推动集体经济发展。这种利益互动关系是联结村企两个主体的根本纽带。

石桥村在乡村振兴实验中不断探索、逐步形成了完善的“公司—集体—农民”利益分配机制。其一是村民入股、分红收益。在党员带动下，大部分村民积极筹措资金，主动入股南西桥公司，实现了“村民变股民”，按股分红，紧密的绑定了公司和村民的利益。其二是集体入股、二次分红。石桥村集体以集体闲置土地、项目资金折价入股南西桥公司，占公司股份预计20%。以便村集体实现闲置资源盘活并增加股份收入，扩大村集体收入，在预留村集体公用经费后，村集体收益可以向村民二次分红。其三是配套产业、带动增收。作为石桥村支柱产业基地的南西桥公司，年接待游客量10万人次，年营业额超700万元。项目扩大经营将向石桥村延伸，为石桥村民发展民宿、餐饮等配套服务创造了良好条件。这刺激了农户自主盘活改造闲置民房建设民宿，进一步扩大了村民围绕主产业创业增收的渠道。其四是促进就地就业、增加工资收入。南西桥公司目前可稳定地为村民提供每年 216 万元的工资性收入。随着公司经营规模扩大和村民自主创业的增加，本村服务行业劳动就业和工资性收入将持续扩大。其五是带动特色农产品生产，助力农民增收。借助南西桥公司稳定的客流和市场，带动石桥村从传统蔬菜、草莓、林果种植业向特色农业、精品农业方向发展，在南西桥公司设立专门特色本土农贸市场，增加村民农业生产性收入。

总而言之，石桥村通过公司、集体和农民的利益联结，盘活了闲置的土地资源，持续扩大集体经济和保障农民增收，一定程度上真正实现了乡村振兴“产业兴旺、生活富裕”的核心目标。

二、面临挑战

（一）公司与集体产权模糊

中西部边远、落后地区的很多村庄集体经济薄弱，甚至无集体经济收入。这些农村产业振兴面临诸多挑战。为此，中央按照因地制宜、分类指导、规划先行的原则，鼓励小农户的承包地、宅基地等向企业集中流转经营，扶持村庄与企业、农户之间开展优势合作。于是在城乡融合发展中，形成了当下农村地区普遍实行的“公司＋农户”“农民＋合作社＋龙头企业”等内外合作模式。这种模式解决了中西部地区乡村建设中政府资金投入不足的难题，也在很大程度上降低了农业生产的市场风险。

但是越来越多的农村地区开始面临集体成员股权分配与企业结构之间如何有效协调的问题。2015 年以来的农村集体产权改革纵然取得了良好的试验效果，但目前依旧只是尝试阶段，依然存在大量问题和困境，特别是如南西桥公司这样的集体以及村民入股模式，农村集体产权的主体究竟是谁，收益权和处置权该作如何归属，怎样才能保障对公司经营集体资产的有效监管，农民是否与村委会和地方政府存在冲突、特别是现实中产权的模糊问题长期存在，并没有从根本上建构起农民产权实践路径。石桥村实验的重点是探索由农民参与的股份公司带动乡村振兴的路径，目前虽然南西桥公司已经实现了引流的作用，南西桥公司、石桥村和农户之间的利益分配机制初步建立，但是三者依然面临着产权模糊的问题，并且南西桥公司总经理和石桥村“两委”和村民小组干部之间的分工更是有待明晰。

（二）宅基地制度的限制

在现行制度框架下，宅基地是国家对农民的一项社会保障福利，具有无偿性和福利性，主要担负着农民的居住保障功能，农民不能随意将宅基地使用权进行流转并获利。虽然法律允许农民通过转让、出租等方式流转宅基地使用权，但流转的范围被严格限定在农村集体经济组织内部。这一规定主要是考虑到，如果允许农民随意流转宅基地，可能会使农民无家可归、流离失所，直接威胁到农民的居住权和生存权。

但是随着工业化、城镇化进程的加快推进和农村社会经济的加快转型发展，农村的人口结构、农业的生产方式及农民的生计方式等发生了深刻变化，农村宅基地的功能也随之发生了变化，最显著的特征体现在宅基地所担负的居住保障功能正在逐渐弱化。尤其是随着石桥村大量农村劳动力“离土离乡”并彻底退出农村进入城镇就业、生活定居，农村地区“人走房空”，大量宅基地闲置甚至废弃。正是由于现行法律法规对宅基地限定的单一的居住保障功能，在一定程度上限制了宅基地使用权的流转，农村宅基地的功能难以从单一的居住功能向多元复合功能拓展，阻碍了当前农村新产业新业态的蓬勃发展以及农村一二三产业加快融合态势下的宅基地盘活利用，才导致宅基地盘活利用与农村一二三产业融合发展背景下的市场需求不相适应，很难满足企业、新型经营主体等市场主体利用农村宅基地及农房发展农村新产业新业态的实际需求。

第八章 和谐有序：村政服务与乡村善治

第一节 引　　言

党的十九大报告提出，要坚持农业农村优先发展，按照产业兴旺、生态宜居、乡风文明、治理有效、生活富裕的乡村振兴战略总要求，建立健全城乡融合发展体制机制和政策体系，加快推进农业农村现代化。在乡村振兴战略实施的过程中，我国农村社会经济得到快速发展，农村公共服务的支持不可或缺。在城乡融合发展的大背景下，如何利用乡村振兴战略这一政策平台，提高村民凝聚力，实现农村高质量公共服务、提高农村基本公共服务满意度、减小城乡基本公共服务差距，是促进乡村基层善治，实现乡村振兴“治理有效”的基础和前提。因此，乡村基层如何通过政策倾斜、地方经验借鉴等途径享受到与“市政”服务相似的多种类、优质量的“村政”服务，是目前值得关注研究的问题。

2018 年中央 1 号文件对 2 个时间节点（2020 年和 2035 年）的农村公共服务水平提出了明确要求，表明未来农村地区公共服务供给是党和国家重点关注的领域，并将“自治、法治、德治”作为构建乡村治理体系的重要组成部分，文件指出“自治为基”“法治为本”“提升乡村德治水平”。《乡村振兴战略规划（2018—2022 年）》和 2019 年中央 1 号文件均提出要推进城乡基本公共服务均等化，并强调增强乡村治理能力，完善乡村治理机制。2020 年中央 1 号文件则提出要“对标全面建成小康社会加快补上农村基础设施和公共服务短板”“健全乡村治理工作体系”“推动社会治理和服务重心向基层下移，把更多资源下沉到乡镇和村，提高乡村治理效能”。党的十九大报告中提出，中国特色社会主义进入新时代，我国社会主要矛盾已经转化为人民日益增长的美好生活需要和不平衡不充分发展之间的矛盾。其中，“不平衡不充分的发展”在很大程度上体现在公共服务领域。经过四十余年的改革开放，中国城市公共服务建设已经有了质的飞跃。但在广大的农村地区，公共服务却仍有较大的改进空间。

2019年，石桥村被确定为昆明都市驱动型乡村振兴创新实验六个实验区之一，围绕“村政服务及乡村善治”开展机制探索，本部分实验由两方面内容构成，其一是村政服务，其二是乡村善治。二者有机统一，互为补充。良好的村政服务可以有效提升乡村善治水平，而良好的乡村善治水平亦可助力村政服务供给水平的增长。通过实验区建设，将石桥村打造成为乡村振兴理论平台和实践载体，探索昆明市都市驱动型乡村振兴的新模式、新路径。石桥村以习近平新时代中国特色社会主义思想为指导，按照“产业兴旺、生态宜居、乡风文明、治理有效、生活富裕”的总体要求，聚焦关键领域，持续深化农业供给侧结构性改革，着力补齐农村基础设施和公共服务短板，不断完善城乡融合发展体制机制和乡村治理体系，推动乡村振兴各项工作取得成效。

第二节　村政服务与乡村善治的研究进展与政策安排

村政服务及乡村善治机制由两部分组成，其一是村政服务，其二是乡村善治。二者有机统一，互为补充。本部分政策与实践综述也分别从村政服务、乡村善治两个方面进行梳理。

一、村政服务的研究进展与政策安排

2006年3月17日颁布的《中央宣传部　司法部关于在公民中开展法制宣传教育的第五个五年规划》指出，要把法制宣传教育纳入政府对农村公共服务的重要内容，开展法制宣传资料、法制信息、法制文艺和法律服务进乡村活动，切实提高农民的法律意识和法制观念；加强农村法制宣传

教育基础设施建设，扩大宣传教育覆盖范围；提高农村法制宣传教育的服务性；继续深化“民主法治村”创建活动，健全充满活力的村民自治机制。

2018年11月16日颁布的《中华全国供销合作总社关于全面提升基层为农服务质量在实施乡村振兴战略中发挥更大作用的指导意见》指出，按照《农村综合服务社规范》和《农村综合服务社星级划分与评定》标准，加快打造一批建设标准高、服务功能全、群众评价好的星级综合服务社，为农民提供“一门式办理”“一站式服务”，促进农村公共服务均等化。

2019年1月3日印发的《中共中央　国务院关于坚持农业农村优先发展做好“三农”工作的若干意见》要求：“提升农村公共服务水平。全面提升农村教育、医疗卫生、社会保障、养老、文化体育等公共服务水平，加快推进城乡基本公共服务均等化。推动城乡义务教育一体化发展，深入实施农村义务教育学生营养改善计划。实施高中阶段教育普及攻坚计划，加强农村儿童健康改善和早期教育、学前教育。加快标准化村卫生室建设，实施全科医生特岗计划。建立健全统一的城乡居民基本医疗保险制度，同步整合城乡居民大病保险。完善城乡居民基本养老保险待遇确定和基础养老金正常调整机制。统筹城乡社会救助体系，完善最低生活保障制度、优抚安置制度。加快推进农村基层综合性文化服务中心建设。完善农村留守儿童和妇女、老年人关爱服务体系，支持多层次农村养老事业发展，加强和改善农村残疾人服务。推动建立城乡统筹的基本公共服务经费投入机制，完善农村基本公共服务标准。”

2020年12月23日颁布并实施的《国务院关于财政农业农村资金分配和使用情况的报告》指出，持续保障和改善民生，加快补上农业农村公共服务短板，一是支持农村厕所革命，二是支持改善农村住房条件，三是支持保障农村饮水安全，四是加快“四好农村路”建设。2021年6月6日中央农村工作领导小组办公室、农业农村部、中央宣传部等部门发布的《关于开展第二批乡村治理示范村镇创建工作的通知》提出，乡镇对农村公共服务事项内容有明确的权责清单，乡村资源、服务、管理重心有效下移，乡镇和村对农民管理和服务职责清晰、有效联动，能在行政村为农民提供“一门式办理”“一站式服务”。2006—2021年农村公共服务的政策沿革梳理见表8-1。

表8-1　农村公共服务的政策沿革

时间	文件名称	主要内容
2006年3月	《中央宣传部　司法部关于在公民中开展法制宣传教育的第五个五年规划》	要把法制宣传教育纳入政府对农村公共服务的重要内容，开展法制宣传资料、法制信息、法制文艺和法律服务进乡村活动，切实提高农民的法律意识和法制观念；加强农村法制宣传教育基础设施建设，扩大宣传教育覆盖范围；提高农村法制宣传教育的服务性；继续深化“民主法治村”创建活动，健全充满活力的村民自治机制
2007年3月	《关于2006年中央和地方预算执行情况与2007年中央和地方预算的决议》	进一步调整和优化国债项目资金及中央预算内投资的使用方向与结构，向经济社会发展薄弱环节倾斜，重点用于改善农村公共服务
2007年11月	《全国农业和农村信息化建设总体框架（2007—2015）》	到2015年，农业和农村一体化信息基础设施装备水平有明显提高，信息化对现代农业、农村公共服务和社会管理的支撑能力显著增强，乡村两级信息化服务组织得到充分发展，农业和农村信息化可持续发展机制逐步完善，基本满足发展现代农业和建设社会主义新农村对信息化的需要
2007年12月	《关于认真贯彻党的十七大精神　深入开展文化科技卫生“三下乡”活动的通知》	对于推动以工促农、以城带乡，形成城乡经济社会发展一体化格局，发展农村社会事业、提高农村公共服务能力、促进农村社会进步，丰富和活跃农民文化生活、满足农民群众日益增长的精神文化需求、促进人的全面发展，具有十分重要的意义
2010年3月	《关于2009年中央和地方预算执行情况与2010年中央和地方预算的决议》	加强农业综合生产能力建设、农村基础设施建设、农村公共服务能力建设和小城镇基础设施建设
2013年7月	《关于印发浙江等地新农村建设经验的通知》	发挥中心村这一联结点作用，引导城镇基础设施和农村公共服务设施向农村延伸、覆盖；发挥中心村这一中心点作用，辐射带动周边3～5个行政村，打造公交、医疗、卫生、教育、文化、社保等30分钟公共服务圈，便捷的农技服务圈、教育服务圈、卫生服务圈、文化服务圈正在形成

（续）

时间	文件名称	主要内容
2014年2月	《关于全面深化农村改革加快推进农业现代化若干意见有关政策措施分工的通知》	关于“开展农村公共服务标准化试点工作”的问题，由财政部、国家标准委员会同有关部门负责落实
2014年4月	《关于2014年深化经济体制改革重点任务意见》	以农村为重点，以农村社区建设试点工作为重要抓手，统筹推进城乡基层公共资源共建共享和基本公共服务设施建设，建立健全农村公共服务运行维护机制
2015年3月	《关于2014年国民经济和社会发展计划执行情况与2015年国民经济和社会发展计划的决议》	进一步加强农业农村基础设施建设，全面推进农村人居环境整治，提升农村公共服务水平
2015年5月	《关于深入推进农村社区建设试点工作的指导意见》	为贯彻落实党的十八大和十八届三中、四中全会精神，创新农村基层社会治理，提升农村公共服务水平，促进城乡一体化建设
2018年11月	《关于全面提升基层为农服务质量在实施乡村振兴战略中发挥更大作用的指导意见》	按照《农村综合服务社规范》和《农村综合服务社星级划分与评定》标准，加快打造一批建设标准高、服务功能全、群众评价好的星级综合服务社，为农民提供“一门式办理”“一站式服务”，促进农村公共服务均等化
2019年1月	《关于坚持农业农村优先发展做好“三农”工作的若干意见》	提升农村公共服务水平，全面提升农村教育、医疗卫生、社会保障、养老、文化体育等公共服务水平，加快推进城乡基本公共服务均等化。推动城乡义务教育一体化发展，深入实施农村义务教育学生营养改善计划
2019年2月	《关于进一步推动进城农村贫困人口优先享有基本公共服务并有序实现市民化的实施意见》	进一步精准聚焦、精准施策、精准帮扶，确保在城镇工作生活一年以上的农村贫困人口优先享有基本公共服务，并促进有能力在城镇稳定就业和生活的农村贫困人口有序实现市民化
2019年4月	《关于进一步健全农村留守儿童和困境儿童关爱服务体系的意见》	健全农村留守儿童和困境儿童关爱服务体系，提升未成年人救助保护机构和儿童福利机构服务能力
2020年8月	《关于今年以来预算执行情况的报告（2020）》	加强农村公共服务，推动加快农村基础设施建设，促进农民持续增收

（续）

时间	文件名称	主要内容
2020年12月	《关于财政农业农村资金分配和使用情况的报告》	持续保障和改善民生，加快补上农业农村公共服务短板。一是支持农村厕所革命；二是支持改善农村住房条件；三是支持保障农村饮水安全；四是加快“四好农村路”建设
2021年6月	《关于开展第二批乡村治理示范村镇创建工作的通知》	乡镇对农村公共服务事项内容有明确的权责清单，乡村资源、服务、管理重心有效下移，乡镇和村对农民管理和服务职责清晰、有效联动，能在行政村为农民提供“一门式办理”“一站式服务”
2021年7月	《关于加快农村寄递物流体系建设的意见》	创新乡镇邮政网点运营模式，承接代收代办代缴等各类农村公共服务，实现“一点多能”，提升农村邮政基本公共服务能力

近年来，各地不断加大农村公共服务投入力度，创新农村公共服务供给方式，农村公共服务设施不断改善，城乡基本公共服务均等化水平明显提升。探索领域涵盖农村医疗、养老、教育、饮水安全、危房改造、人居环境、政务服务、留守儿童关爱、公共文化体育服务等多个方面，涌现出一批加强农村公共服务建设的典型案例，有的突出体制机制创新，有的强调资源要素整合，有的注重数据信息共享，各具特色，为深化农村公共服务改革提供了参考和借鉴。

作为全国农村社区建设示范区，南京市江宁区在提升农村公共服务供给能力方面探索出了一条可行路径，即从政府、社区、村民三方面出发，以社会组织为支点，以社会资源为支撑，推动农村公共服务资源下沉。[①] 丹阳市按照“养事不养人”“花钱买服务”的原则积极探索农村公共服务运行工作机制，采用“共同分担、统筹安排、财政奖补、社会捐助”的方式，把农村公共服务运行维护工作纳入公共财政支出范围。[②] 江苏省扬中市锁定农村公共服务运行中“无人干事”“无钱办事”“管不好事”等难题，一手抓农村基础设施完善，一手抓村级公共服务提升，探索建立集农

① 陈沛然，汪娟娟．城乡融合发展背景下新型农村社区公共服务能力提升路径研究：基于南京市江宁区的案例分析［J］．中州学刊，2020（12）：62－67.

② 耿献辉，潘军昌．城乡融合增强发展创新性与协调性［J］．群众，2021（17）：12－13.

村垃圾收运、河道保洁、绿化管护、道路管养、生活污水处理设施运行、村容村貌“三乱”整治、村级综合服务中心维护、文体活动设施管护“八位一体”的运行维护机制，保障了农村基础设施持续发挥作用，实现了公共服务效益的最大化，为在县域范围内提升农村基本公共服务水平提供了有益探索[①]。河北省灵寿县为加强农村社会管理和公共服务，加快农村体制机制创新，以被列入省村级公共服务运行维护机制建设试点县为契机，积极探索村级公共服务运行维护机制建设途径，有效破解了农村公共服务设施“有人建、没钱管”的困境，提高了村级议事、决事、干事的效率和效果，进一步推动了农村加快发展步伐。[②] 上海市松江区以农村居民需求为导向，打造镇街、村居、群众三级服务空间，制定政务服务、生活服务、志愿服务三份清单，构建“好邻居”社区服务体系，实现办公面积最小化、服务空间最大化。[③]

二、乡村善治的研究进展与政策安排

2019 年 6 月 23 日印发的《关于加强和改进乡村治理的指导意见》提出，要加强和改进乡村治理，完善村党组织领导乡村治理的体制机制，发挥党员在乡村治理中的先锋模范作用，规范村级组织工作事务，增强村民自治组织能力，丰富村民议事协商形式，全面实施村级事务阳光工程，积极培育和践行社会主义核心价值观，实施乡风文明培育行动，发挥道德模范引领作用，加强农村文化引领，推进法治乡村建设，加强平安乡村建设，健全乡村矛盾纠纷调处化解机制，加大基层小微权力腐败惩治力度，加强农村法律服务供给，支持多方主体参与乡村治理，以及提升乡镇和村为农服务能力等方面。2019 年 6 月 24 日印发的《关于开展乡村治理体系建设试点示范工作的通知》提出，重点围绕加强农村基层基础工作，健全党组织领导的自治、法治、德治相结合的乡村治理体系开展，根据我国农

① 左杰．“八位一体”：江苏扬中如何优化农村公共服务［J］．决策，2020（9）：44－46.

② 傅士君，张志明，尚新香．河北灵寿：积极探索村级公共服务运行维护机制［J］．中国财政，2013（23）：51.

③ 田发，梁思婧，周琛影．地方政府支出责任划分与基本公共服务发展水平：来自上海的经验证据［J］．华东经济管理，2020，34（2）：24－29.

村经济社会发展需要和乡村治理体系建设发展情况开展试点工作，内容主要包括8个方面：探索共建共治共享的治理体制，探索乡村治理与经济社会协调发展的机制，探索完善乡村治理的组织体系，探索党组织领导的自治法治德治相结合的路径，完善基层治理方式，完善村级权力监管机制，创新村民议事协商形式，创新现代乡村治理手段。

2019年9月4日颁布的《卫生健康委　农业农村部　中国计生协会关于服务乡村振兴促进家庭健康行动的实施意见》提出，支持和鼓励计生协组织融入自治、法治、德治相结合的乡村治理体系，积极参与美丽乡村建设、农村信用体系建设、扫黑除恶专项斗争等工作，汇聚乡村善治的合力。2019年12月6日印发的《中央农村工作领导小组办公室　农业农村部　中央组织部等关于乡村治理体系建设试点示范工作的批复》提出，突出问题导向，体现系统思维，坚持因地制宜，注重探索创新，扎实推进各项试点任务，在乡村治理的重要领域和关键环节形成可复制、可推广的经验做法，为走中国特色社会主义乡村善治之路探索新路子、创造新模式。

2020年12月23日颁布并实施的《国务院关于财政农业农村资金分配和使用情况的报告》指出，坚持走乡村善治之路，推动建立健全现代乡村社会治理体系。习近平总书记强调，要健全自治、法治、德治相结合的乡村治理体系，让农村社会既充满活力又和谐有序。中央财政大力支持深化农村各项改革，着力完善乡村治理体系，提升乡村治理能力，一是加强村级组织运转经费保障，二是支持深化农村改革，三是支持培育壮大集体经济，四是支持建设美丽乡村。

2021年5月11日印发的《关于向重点乡村持续选派驻村第一书记和工作队的意见》提出，重点围绕推进乡村治理体系和治理能力现代化、提升乡村善治水平，推动健全党组织领导的自治、法治、德治相结合的乡村治理体系，加强村党组织对村各类组织和各项工作的全面领导，形成治理合力；推动规范村务运行，完善村民自治、村级议事决策、民主管理监督、民主协商等制度机制；推动化解各类矛盾问题，实行网格化管理和精细化服务，促进农村社会和谐稳定。2018—2021年乡村善治的政策沿革梳理见表8-2。

表 8-2　乡村善治的政策沿革

时间	文件名称	主要内容
2018 年 2 月	《中共海南省委　海南省人民政府关于乡村振兴战略的实施意见》	走乡村善治之路，构建充满活力和谐有序治理有效新体系
2018 年 2 月	《中华全国供销合作总社印发关于深入贯彻落实中央 1 号文件大力推动乡村振兴的实施意见的通知》	牢牢把握实施乡村振兴战略给供销合作社发展带来的难得机遇，在促进城乡融合发展、共同富裕、质量兴农、乡村绿色发展、乡村文化兴盛、乡村善治和精准脱贫中发挥更大作用
2018 年 2 月	《中共吉林省委　吉林省政府关于实施乡村振兴战略的意见》	建立健全城乡融合发展体制机制和政策体系，走城乡融合发展之路、共同富裕之路、质量兴农之路、乡村绿色发展之路、乡村文化兴盛之路、乡村善治之路、中国特色减贫之路，结合加快实施“三个五”发展战略和推动中东西“三大板块”建设，加快推进农业供给侧结构性改革和农村各项改革，加快推进乡村治理体系和治理能力现代化
2018 年 2 月	《中共江西省委　江西省人民政府关于实施乡村振兴战略的意见》	必须夯实基层基础工作，建立健全党委领导、政府负责、社会协同、公众参与、法治保障的现代乡村社会治理体制，构建自治法治德治相结合的乡村治理体系，走乡村善治之路，确保乡村社会充满活力、和谐稳定、安定有序
2019 年 6 月	《关于开展乡村治理体系建设试点示范工作的通知》	探索共建共治共享的治理体制，探索乡村治理与经济社会协调发展的机制，探索完善乡村治理的组织体系，探索党组织领导的自治法治德治相结合的路径，完善基层治理方式，完善村级权力监管机制，创新村民议事协商形式，创新现代乡村治理手段
2019 年 9 月	《卫生健康委　农业农村部、中国计划生育协会关于服务乡村振兴促进家庭健康行动的实施意见》	支持和鼓励计生协组织融入自治、法治、德治相结合的乡村治理体系，积极参与美丽乡村建设、农村信用体系建设、扫黑除恶专项斗争等工作，汇聚乡村善治的合力
2019 年 12 月	《中央农村工作领导小组办公室　农业农村部　中央组织部等关于乡村治理体系建设试点示范工作的批复》	突出问题导向，体现系统思维，坚持因地制宜，注重探索创新，扎实推进各项试点任务，在乡村治理的重要领域和关键环节形成可复制、可推广的经验做法，为走中国特色社会主义乡村善治之路探索新路子、创造新模式

（续）

时间	文件名称	主要内容
2020年12月	《国务院关于财政农业农村资金分配和使用情况的报告》	坚持走乡村善治之路，推动建立健全现代乡村社会治理体系。习近平总书记强调，要健全自治、法治、德治相结合的乡村治理体系，让农村社会既充满活力又和谐有序
2021年1月	《内蒙古自治区促进民族团结进步条例》	健全农村牧区物流体系，推进农业面源污染防治，普及科学知识，因地制宜推进农村牧区厕所改造、生活垃圾处理和污水治理，改善人居环境，推进平安乡村建设，创新乡村治理方式，提高乡村善治水平
2021年2月	《关于印发天津市国民经济和社会发展第十四个五年规划和二〇三五年远景目标纲要的通知》	加快构建党组织领导的现代乡村治理体系，建立健全社会治理体制，创新乡村治理方式，提高乡村善治水平
2021年5月	《关于向重点乡村持续选派驻村第一书记和工作队的意见》	重点围绕推进乡村治理体系和治理能力现代化、提升乡村善治水平，推动健全党组织领导的自治、法治、德治相结合的乡村治理体系，加强村党组织对村各类组织和各项工作的全面领导，形成治理合力；推动规范村务运行，完善村民自治、村级议事决策、民主管理监督、民主协商等制度机制；推动化解各类矛盾问题，实行网格化管理和精细化服务，促进农村社会和谐稳定
2021年6月	《推动农村基层党建全面进步整体提升　为农村改革发展稳定提供坚强组织保证——党的十八大以来农村基层党建工作综述》	坚持深化党建引领乡村治理，推动乡村善治
2021年9月	《关于在乡村治理中推广运用清单制有关工作的通知》	湖北省武汉市蔡甸区推行四项清单，以乡村善治助力乡村振兴

近年来，全国各地紧扣农村改革主线，打造高效治理综合体，聚焦乡村治理重点、难点、痛点，推动治理重心和配套资源向乡村下沉，激活治理末梢神经，创新乡村治理体系，走乡村善治之路，把乡村治理与创建全

国市域社会治理现代化试点城市有机结合，聚焦农业强、农村美、农民富，全力推动农业农村高质量发展，确保实现乡村治理能力和水平“双提升”，涌现出了一系列值得推广的好经验、好方法，不断推进乡村治理体系和治理能力现代化进程。

全国广大乡村紧密结合党中央的方针政策和地方的实际情况，切实开展基层党建与乡村治理相融合的探索活动，形成颇具地方特色和实践成效的乡村治理模式，诸如北京平谷的“街乡吹哨＋部门报道”模式、广西河池的“党领民办＋群众自治”模式、江西分宜的“村小组建党支部＋村民理事会”模式等。① 改革试点以来，浙江省建德市三都镇在创新乡村治理机制、提升治理水平等方面主动探索、先行先试，形成了组织群众“八动路径”等特色实践，充分发挥农民群众的主体性、积极性与创造性，构建起“法治、德治、自治、智治”相互融合的乡村治理体系。② 江西省鹰潭市余江区取得了突破性成效，构建了一套符合实际、切实可行的农村土地管理制度体系，探索出了一条完善乡村治理、强化基层建设、提升执政能力、统筹城乡发展的新路子。③ 浙江省桐乡市在全国率先开展自治、法治、德治“三治合一”的基层社会治理探索实践，不断对治理主体、规范、机制进行整体建构并优化，其经验做法已被写入党的十九大报告，并被中央政法委定位为新时代“枫桥经验”的实践、基层社会治理创新的发展方向。④ 广东省清远市以乡贤理事会的方式开展乡村治理，乡贤理事会独立性比较强，功能与政府错位，主要承担社会整合与社会慈善、乡村文化保护、协助招商引资等任务，并对政府权力进行间接监督，与基层政府存在权威竞争关系，形成双元权力的竞争与合作。⑤

---

① 谭文平．乡村治理基本单元的多层化体系建构：以三种农村集体资产改革为例［J］．西部论坛，2021，31（3）：97－109.

② 钱媛．浙江省建德市三都镇：“八动路径”组织群众融入乡村治理［J］．党建，2021（10）：58－59.

③ 周云冉．新时代基层党建引领乡村治理创新的逻辑理路［J］．西南民族大学学报（人文社会科学版），2021，42（7）：59－65.

④ 张雨薇，武晋．任务型经纪：新乡贤参与乡村治理的新范式：基于桐乡“乡贤＋三治”融合的田野观察［J］．西北农林科技大学学报（社会科学版），2021，21（6）：42－51.

⑤ 王文龙．新乡贤与乡村治理：地区差异、治理模式选择与目标耦合［J］．农业经济问题，2018（10）：78－84.

第三节　实验前石桥村面临的乡村治理困境

从石桥村公共服务体系建设和乡村治理状况出发，基于农村居民公共服务和乡村治理的调查，可以总结归纳出当前石桥村公共服务体系和乡村治理存在的现实问题。总体来说，石桥村在都市驱动型乡村振兴创新实验区项目启动前的村政服务呈现“供需失衡”和“发展不平衡、不充分”两个特点，乡村治理则体现出“人才不足”。

一、村政服务供需失衡、分布不均

长期以来，石桥村所处的昆明市的城区和农村地区之间公共服务的总量和质量始终存在很大差异，城区的公共服务水平远高于农村地区。在都市驱动型乡村振兴创新实验区项目正式启动前，石桥村的村政服务供给量和发展水平处于一个比较低的水平。

首先，农村公共服务供需失衡。公共服务供给与需求失衡成为石桥村公共服务体系建设的典型问题，这也是造成在政府视角与农村居民视角下对公共服务发展认识存在差异的主要原因。供需失衡主要表现在以下方面：一是农村公共服务供需的总量失衡。主要表现为农村公共服务基础设施、人员配置、财政支持等难以满足农村居民的需要，从而出现农村公共服务供不应求的状况。在实地调研中发现，石桥村村民对提高本村文化教育、医疗卫生、环境卫生服务水平的需求在60%以上，有的村民表示“希望村内路边污水尽快得到处理”。进入新时代，随着人民生活水平的提高，农村居民日益增长的美好文化生活需要层次更高、领域更广，这与公共服务发展不平衡不充分的现实状况存在矛盾，从而出现农村公共服务供给难以满足需求的问题。二是农村公共服务供需的结构失衡。具体表现为农村公共服务供给方向、供给内容与需求相脱节。当前农村居民公共服务需求差异化现象比较突出，不同性别、不同年龄结构的农村居民公共服务需求存在较大差异，而公共服务供给内容则采取“一刀切”方式，从而造成老年人、残疾人、农民工、农村留守妇女儿童等特殊群体的需求难以得到满足。

其次，农村基本公共服务发展不平衡、不充分。目前，石桥村农村基本公共服务供给总量不足，农村基本公共服务发展存在不均衡、不充分问题。不充分主要体现在局部的整体发展不足，石桥村各级各类基本公共服务质量还不能满足人民群众享受高水平服务质量和多样化需求。不平衡体现在城乡基本公共服务资源配置和供给不平衡。石桥村乡村教育资源不足，村里没有学校，学前班的小朋友需要到南营村上幼儿园，小学生、初中生以及高中生则需要到几公里外的富民县或者昆明市上学。在乡村卫生医疗服务方面，石桥村健康卫生资源明显不足，村民看病主要依靠南营村的卫生室。课题组调查数据显示，仅有35%左右的居民表示在石桥村获取优质公共服务"容易"，有五成以上村民希望提高乡村教育、医疗卫生以及文化服务的质量，希望获取基本公共服务"更容易"。因此，迫切需要持续加大石桥村基本公共服务投入力度，加快基本公共服务领域补短板、强弱项，多渠道扩充石桥村普惠性服务资源，均衡资源配置，着力提高石桥村基本公共服务的现代化水平。

二、乡村治理人才数量不足、质量不高

由于石桥村地理位置优越、交通便利，石桥村村民多以外出务工为主。我国乡村对城市长期处于依附地位，直至2006年国家取消农业税，才正式结束农村哺育城市的政策，但城乡二元经济结构并未得到改变，城乡经济发展不均衡局面也未发生根本转变，这导致乡村出现严重的人口"空心化"问题。长久以来的农村人口流失致使选拔乡村管理人才的基数不足，这也是乡村治理人才不足的根本原因。当前，乡村治理人才不足体现为乡村治理人才数量不足和人才质量下降两个方面。一方面，随着乡村振兴战略的深入推进，乡村治理人才需求量大，而人才供给又不足，具体体现为"本土人才发掘不够、外出人才召回不足、新来人才挽留不住"。在实地调研中，石桥村村民小组组长说："村里希望多招几个年轻干部，可以总结材料，宣传我们石桥村。"另一方面，年轻干部管理经验不足，对于乡情以及基层治理规律把握不够；在农村扎根多年的乡村老干部虽具有丰富经验，却对新时代的科技信息化技术欠缺了解和运用能力以及对新管理理念接受不足，以至于乡村治理人才质量不优。

第四节　村政服务和乡村善治的石桥实践

都市驱动型乡村振兴实验的意义在于将城市的人才、消费和管理三大动能引入乡村并转化为乡村振兴的动能。城市有相对完善的市政服务，可以让市民们生活便利且成本较低。在都市驱动型乡村振兴实验中，将市政服务的理念引入乡村，在村庄中提供村政服务，为村民们过上舒适便利且成本较低的新生活进行探索。都市驱动型乡村振兴实验在充分发挥村民自治的基础上，在不增加城市财政额外负担的前提下，探索村政服务供给方式，切实解决村政服务没人负责的问题，实现可持续发展。自昆明市—中国农业大学都市驱动型乡村振兴创新实验区成立以来，石桥实验村以提升村政服务供给水平，促进乡村良政善治为目标，在村民自治、政务服务、村容村貌、发展集体经济、人居环境、便民服务等多个领域进行实验探索，为都市驱动型乡村振兴村政服务提供经验。

一、村规民约奠定制度基础

村规民约是群众在村民自治过程中，依据党的方针政策和国家法律法规，结合本村治理实际情况，以维护农村社会公共道德、村风民俗、精神文明建设等方面指定的约束规范村民行为的一种规章制度。村规民约是公约的一种，是根据《中华人民共和国村民委员会组织法》授权而制定的，用来填补法律在基层治理中的空白。村规民约虽不具有法律约束力，但由于其制定过程经过“村民大会”表决，属于村民共同认可的“公约”，因而是村民在日常生活生产过程中所必须遵循的具有一定约束效力的非正式制度。

2019 年 7 月，中共中央办公厅、国务院办公厅印发的《关于加强和改进乡村治理的指导意见》中对发挥村规民约作用作了明确指示：“建立健全村规民约监督和奖惩机制，注重运用舆论和道德力量促进村规民约有效实施，对违背村规民约的，在符合法律法规前提下运用自治组织的方式进行合情合理的规劝、约束。”石桥村作为都市驱动型乡村振兴创新实验区，在约束村民个人、村集体行为，规范石桥村村政服务方式，提升基层善治方面也做出了实践探索。《石桥村村规民约》在制定的时间进度方面经历了一个“勤修改、勤表决、勤使用”的过程，石桥村最早在2011年就开始通过举办村民大会的形式商议制定《石桥村村规民约》，随后根据每年实际情况进行修改与完善，并通过村民大会表决形式进行修改结果的裁定，超过80%的同意票即为通过，公示后即可颁布执行。

《石桥村村规民约》在2016年、2017年、2018年和2020年经历了几次比较大的修改。在2016年的版本中，村规民约对石桥村村民小组组长职责、重大事项评议通过比例、基本礼仪、宅基地使用方式、计生、卫生整洁、抚养赡养、人才培育、社会治安、公益基金使用等方面做出了规定；在2017年版本中，增加了本村集体经济项目和土地流转表决规定、村内户口管理办法、红白事务统一管理规定等；而在2018年的版本中，除上述内容外，还新增了对红白理事会自愿退出及退出后事项、村内环境保护、义务帮忙注意事项、公共资源使用费用缴纳等方面的补充说明；经过多版本出台的经验累积，2020年修订的第四版《石桥村村规民约》已经成为全篇近9 000字，内容涵盖村民自治组织办法、石桥村规章制度体系、石桥村社会治理规定、公共设施使用及保护规定、精神文明建设、人口管理规定、村民权利义务规定、违反村规民约行为处理等方面的体系完整的自治章程（表8-3）。

表8-3 《石桥村村规民约》制定时间及主要村政服务内容变化对比

版本	修改出台时间	主要村政服务内容
2016年	2011年开始制定，2015年12月修改后通过	此版本内容多为对村民个人、村民之间、村民和村集体之间的利益关系和行为做出的限制与规定，如按时参加村民小组会议、统一商定集体土地使用方式、农户死亡后宅基地问题等；与村政服务相关的有卫生环境整治规定、社会治安规定和村内道路管理三条
2017年	2017年1月修订执行	卫生环境整治规定、社会治安管理规定、村内道路管理规定、红白事务互帮互助制度规定、人口管理规定（招姑爷）、村内公共基础设施使用规定等
2018年	2018年2月修订执行	卫生环境整治规定、社会治安管理规定、村内道路管理规定、红白事务互帮互助制度规定、完善后的红白理事如自愿退出门牌号义务帮忙制度、人口管理规定（招姑爷）、村内公共基础设施使用规定等

（续）

版本	修改出台时间	主要村政服务内容
2020 年	2020 年 12 月修订执行	体系化分类为村民自治组织章节、石桥村规章制度体系章节、石桥村社会治理规定章节、公共设施使用及保护规定章节、精神文明建设章节、人口管理规定章节、村民权利义务规定章节、违反村规民约行为处理章节等，内容涵盖村内自治组织如何运行和管理、如何制定和实施九项制度（如《石桥村党员联系户制度》、《石桥村环境卫生保洁制度》、《石桥村森林资源开发利用管护制度》等）、村民会议和村民代表会议各自职能、社会治理处罚条例、村庄公共设施如何使用及违规处理等

由上表可以看出，在党的十九届五中全会和 2021 年中央 1 号文件对乡村村政服务重视的宏观背景下，石桥村的村规民约虽历经多次调整，但基本的内容修改导向非常明确，即不断增加有关村庄公共服务的规定条例内容。经多次修改完善后的《石桥村村规民约》通过制度性、规范性的约束形式，在石桥村村政服务的多元供给和制度保障方面提供了强有力的支撑，规范了石桥村村政服务的基本方式。

案例 8－1：

制度规范行为，村民集体受益
——《石桥村村规民约》的制定及其效果

石桥村村民小组组长提到，石桥村的村规民约是村庄治理中必不可少的一部分，在石桥村村庄治理和集体事务处理方面起到了至关重要的作用。

在 2011 年最初制定第一版村规民约时就得到了村民大会的一致认可，按照当时规定，在表决阶段，超过 80%的票数同意即表示通过。在约束力方面，村民小组组长通过举例子的方式展示了《石桥村村规民约》对于违章行为的处罚力度。

在 2015 年左右，石桥村有一户农户与刚成立的南西桥公司存在矛盾，意图不配合南西桥公司的整体经营计划，不愿意将自己的分散土地流转给南西桥公司统一经营。面对此情况，南西桥公司动之以情，晓之以理，进行了长时间的劝说，但这一户仍不愿意配合，其不愿流转的土地位于南西桥公司的中心地界，农户的这一行为严重违反了《石桥村村规民约》中对于土地资源利用时考虑集体利益的规定，最后村集体只得通过村规民约限制其参与红白理事会的权利，同时禁止其在处罚生效后继续参与集体经济项目获取分红，违章农户若想继续参与集体经济项目或回归红白理事会只得经过村民大会表决90%通过这一个方法。

对于《石桥村村规民约》在村民之间的认可度方面，徐正云村民小组组长表现得非常有信心："我们这个村规民约得到了大家的认可，大家都看到村规民约的规范带来的经济、社会关系上的好处。我们每一次修改村规民约都要经过村民大会表决，在我看来，用制度管人会轻松一些。村规民约遇到问题才会修改，以防有人钻制度的空子，我们号召村干部监督村规民约的执行，按照规定办事。这一制度设计也得到了市里和街道办的认可，这个村规民约也算是做出点名堂了"。

二、"红白理事会"创新村治形式

在我国的乡村基层善治经验中，利用农村熟人社会关系网和人情机制开展村民之间互帮互助的基层治理以及成立发挥其功能的组织非常常见，典型范例是每个乡村都具备的解决村民们红白喜事的红白理事会。2019年7月，中共中央办公厅、国务院办公厅印发《关于加强和改进乡村治理的指导意见》，其中特别强调了在实施乡风文明培育行动时，应当全面推行移风易俗，整治农村婚丧大操大办、高额彩礼、铺张浪费等不良习俗，发挥红白理事会在促进农村基层移风易俗、实现基层善治方面的组织作用。

石桥村的红白理事会起源于本村旧的村民活动中心。石桥村村民活动中心的建设最早追溯到2009年，据南西桥公司徐建昌描述，当时建设活动中心时，农村土地流转难度大，村集体缺乏集体经济收入，村内基础设施落后，实现发展的便利条件十分缺乏，集体建设土地面积也不足。为解决上述问题，村集体经过能人带动协商，决定将当时村集体账目上仅剩的

20余万元不作分红，同时徐建昌垫付资金，以每亩地8万元的征地价格获得了5亩地的使用权，经过一段时间的建设，村民活动中心于2010年末正式竣工。

竣工后村民活动中心使用频率偏低导致的资源闲置也是一个不容忽视的问题。村集体经过商议，认为如果村民活动中心仅承办为数不多的集体活动，一年中闲置时间将会过长，正巧当时石桥村缺乏一个能够集中办理村内红白喜事的场所，因此将村民活动中心改造成为红白理事会的建议便通过表决，得到了一致认可。改造之后，村民活动中心摇身一变成为能够一次性举办60余桌宴席、年均承接20余场大规模红白喜事的办理中心。

石桥村村民活动中心（红白理事会）内景

红白理事会在办事规则方面的设计比较巧妙。在对村内红白喜事提供服务方面，红白理事会在村集体的指导下，采取集中办理和集成劳动力的原则，在村内建立户主微信群，并按照数字顺序进行编号。目前全村64户村民已有62户加入红白理事会。每逢有村民要举办红白喜事，村集体就在微信群中发布号召，规定按照桌数的实际情况，以微信群排序为准安排一定数量的帮忙人员，如若轮到的某一户农户无法派出劳动力前来帮忙，则在不能帮忙的那些天需要每天缴纳200元。在耗材使用方面，村集体规定办理红白喜事方自选厨师、自备食材和配料，场地仅提供如锅碗瓢盆等做饭需要的工具（如果损坏需按照原价赔偿）；报酬方面，村集体给予帮忙劳动力一人一天120～150元的劳务费（女性120元/天，男性150元/天），办事方给予村集体一次200元的服务费。这样一来，村集体相比过去传统红白喜事办理全村帮忙阶段省下了一大笔费用。石桥村的红白理事会在闲置期同样对外开放，允许承接村外的红白喜事以及来自游客、公司的团建活动，除服务费的收取由对内的200元转变为1 000元之外，其余设计和规定与上述对内服务模式相同（表8-4）。

表8-4　石桥村新旧红白喜事互助办理方式对比

模式	办事方规模	村民帮扶模式	天数	村集体支出	是否对外
旧的红白喜事互助模式	依据办事方经济实力而定，桌数不限	全体随机帮扶，不做序号限制，三天大约180人	三天（两晚）	一次红白事办理约支出1.8万元	否
新的红白喜事互助模式	依据红白理事会场地规模定，最多不超60桌	微信群门牌号抽取帮扶，两天约80人	两天（一晚）	一次红白事办理支出由1.8万元减少到约0.8万元	是，集体收取1 000元服务费

总体上讲，石桥村结合村内季节性闲置劳动力、闲置场地等资源的使用状况，从实际出发，创新了基层互助的新模式，将微信群“线上安排”同红白喜事“线下帮忙”实现结合，并在创新村民互助模式的基础上，贯彻落实党的十九届五中全会、《关于加强和改进乡村治理的指导意见》精神，在村民可接受范围内缩减红白喜事办理规模，在避免铺张浪费，推进移风易俗的同时降低村集体在红白事方面的过度支出。这一实践做法对于减少铺张浪费、提高村民对于集体提供的村政服务的认可度、提升村集体经济水平、夯实未来石桥村村政服务基础具有非常重要的作用。

三、集体经济夯实善治保障

农村集体经济，是属于劳动群众集体所有，实行共同劳动，在分配方式上以按劳分配为主体的社会主义经济组织形式。在市场化大背景驱动下，我国的农村集体经济形式主要由股份制、以股份制为主要形式的混合所有制等组成。股份制能够充分整合农村集体成员资金，将农村集体经济项目同村民个体的经济利益实现有效捆绑，股份制的风险承担责任要求督促村民时刻关注经营情况，从而使集体经济的重大决策趋于优化。这是股份制在运行设计上的优势，从为村政服务提供支撑的角度出发，这一优势能够拉近石桥村集体、南西桥公司等同普通入股农户在经济利益上的关系，是缩短乡村基本公共服务供体与受体之间距离、提升村集体提供基本村政服务的能力进而实现乡村善治的经济手段。

石桥村最早的股份制集体经济项目为2013年竣工的农贸市场，村集体通过入股分红的方式筹资建立农贸市场，解决村民路程远、买菜难的问题。经过多次开会讨论入股金额和分红方案，考虑到村民每家每户经济条件不同，为了保证所有村民都有能力参与其中，村集体决定将每股价格定为2 000元，每人最多购买10股，每户最多不超过20股，最终共入股254股。分红方案定为每年分红股本10%，即50 800元，2014年开始分红，一直持续至今。建成后的农贸市场为石桥村甚至附近村的村民提供了一个优质农产品经营、购买的便民服务平台，村民们购买或售卖优质农产品有了离家更近、场地费用更低的选择。

2014年是农贸市场实现分红的第一年，也是村集体谋划建设石桥村第二个集体经济项目——草莓基地的第一年。因需要120亩左右的土地进行建设，石桥村集体采用了土地入股的形式，以每亩每年1 800元的价格流转给九峰草莓合作社，以流转土地亩数作为参考，年底根据当年效益获得分红，石桥村68户依托九峰草莓合作社等带动年收入每户3万元。村集体通过草莓基地的流转和建设，成功在村民如何利用闲置土地创造经济效益方面做出了实践突破，为在村内拥有闲置土地而因个人原因无法耕种的村民提供了一个将土地交由他人经营的机会，在满足集体经济效益的同时为村民提供了一个能够提供闲置土地流转经营服务的平台。

在富民县政府的牵头指导下，2015年6月，富民县产投公司入股490万，同石桥村54户村民共同入股的510万元资金组成股本，成立村集体企业——南西桥公司。目前，南西桥公司已发展成为涵盖餐饮住宿、休闲养老、温泉康养、K歌娱乐的综合服务经济体。除按当年经营效益进行二次分红外，南西桥公司还为村内创造了10～20个就业岗位，工资在1 800～4 000元。南西桥公司在通过集体经济提供就地就业岗位服务方面做出了贡献。

石桥村集体同村集体企业南西桥公司一道，通过股份制的集体经济合作形式拉近了同各个分散农户之间的距离。考虑到石桥村“公司经营+能人带动”这一模式给乡村治理带来的特殊性，石桥村充分利用这一股份制兴办集体经济的实践做法，是石桥村集体为保障能够履行提供村政服务这一责任的物质基础的必然选择。石桥村通过土地入股、资金入股等形式，兴办了农贸市场、草莓基地，以及经营范围囊括上述两个产业的南西桥公司，为石桥村的村民提供了农产品经营场所、闲置土地流转经营服务和就地就业岗位等具有石桥村实践特色的农村公共服务。

四、“五级联动”创新善治机制

创新基层治理体制机制是在新时代充分发挥基层自治动力、实现乡村善治的必经之路。在《乡村振兴战略规划（2018—2022年）》中提到：要推进基层自治协商制度化、规范化建设，创新党员、村干部联系服务群众工作方法；推进直接服务民生的公共事业部门改革，改进服务方式，最大限度方便群众；健全监督体系，规范乡镇管理行为；改革创新考评体系，强化以群众满意度为重点的考核导向；等等。

石桥村在完善各项制度、创新基层治理体制机制方面做出了重要实践。首先，为加快推进石桥村都市驱动型乡村振兴创新实验区项目建设，石桥村逐步建立了专家组、市、县、街道、村委会的五级联动工作机制，形成了互联互通、紧密配合、信息共享、资源整合、共商共建的乡村振兴实验大平台。第一，在专家组层级，遵循“专家建议，研究指导”的原则，由中国农业大学李小云教授、王妍蕾副教授带领专家组全过程、全方位参与实验区项目实施，进行技术指导和政策建议，直接与市、县、街道、村四级通过召开会议、实地考察、共同研究等方式实现联动，向其余四级提出意见建议；第二，在市级层面，市级部门主要部署工作，配合专家组和其他各级领导进村工作及监督任务落实，市级部门同县、街道、村直接对接，共同研究推进实验区建设；第三，在县级层面，县级要承担起实验任务的主要责任，统筹决策实验区各项重大事项、采纳专家组意见建议，落实执行市级制定的政策方针和工作安排部署，对实验区的机制、工程建设作出决策，统筹街道、驻村项目建设领导小组、驻村工作队、南营村党总支、村委会等各主体之间的关系，县级是发挥这一机制作用的关键层级，是五级联动机制得以有效运转的“内核”；第四，在永定街道层级，街道党工委、办事处等科室要坚定落实市、县级的决策部署，充分发挥“3＋8”工作机制效果，带领“八大员”紧抓项目建设，发挥各自职能，发动党员带动群众参与，积极参与项目决策、实施、验收、管理、使用等全过程，虚心向专家组咨询建议，及时向上级报批，是五级联动中最积极的一级；第五，在村委会层级，石桥村民小组要踏实接受南营村党总支、村委的领导，积极发动党员村民参与村级事务建设和项目推进工作，完善村级主体“一会四议两公开”基层议事流程，发挥村级主体作用，主动向街道、县、市、专家组四级提出困难、问题和疑虑，落实其他四级的安排和部署。

富民县时任县长王磊召开项目推进会

富民县时任县委副书记韩富国到石桥村考察指导

王妍蕾副教授和村民参加项目讨论会

其次，创新设立实施“3+8”驻村工作机制。2020 年 11 月，永定街道党工委为了加快石桥村创新实验工作的进度，推出了“3+8”工作机制，由党工委书记李晓吉兼任中共南营村党总支第一书记，派出党建指导员、制度建设员、文化宣传员、项目指导员、项目策划员、规划绘图员、工程指导员、资金指导员“八大员”进驻石桥村（表 8-5）。“3+8”驻村工作机制以都市驱动型乡村振兴创新实验区的项目建设为核心，全面负责石桥村党的建设、项目策划、组织实施、制度建设、经验总结和文化宣传等系统工作的监督指导。在驻村工作队的工作要求方面，一是要切实提高政治站位，街道、村“两委”各相关科室必须找准实验区建设任务的“目标”和“灵魂”，全力以赴抓好石桥村实验区项目建设工作顺利进行，抓实、抓牢、抓好，抓出经验、抓出机制、抓出成效；二是要强化街道的组织领导，充分发挥街道的核心管理、组织协调和保障作用，切实加强对实验区项目的推动指导，坚持街道领导每周到村工作不少于一天，深入调研认真落实；三是要充分发挥驻村工作队的具体职能，组长负责总体统筹协调领导，副组长分别分管“八大员”落实具体责任和分工。

表 8-5　石桥村“3+8”驻村工作队“八大员”分管工作安排

“八大员”名称	主要职责
党建指导员	负责挖掘整理党建工作亮点，总结党建引领经验
制度建设员	牵头负责石桥村乡村振兴制度创新，起草编制各类工作制度，总结提炼各类创新性决策、措施、部署
文化宣传员	负责挖掘、梳理石桥村历史、文化、民俗，策划石桥村、南西桥公司长期性、独特性的系列文体活动和对外媒体宣传等工作
项目指导员	负责实验区各类项目策划、实施，规范实施项目报批、预算、招标、建设、结算、验收等工作
项目策划员	负责实验区各类项目策划、包装、文案编制、起草编制项目、实施工作方案等工作
规划绘图员	负责按照上级领导小组要求，就具体区域、具体项目绘制规划图、效果图等
工程指导员	牵头负责对具体项目工程实地勘察、质量监督、安全监督、工程量审核等工作
资金指导员	负责对南营村委会、石桥村民小组管理和使用财政资金进行全方位、全过程指导、监督

石桥村为切实落实改革实验任务中对“村政服务和乡村善治”机制的要求，为与中国农业大学专家组、昆明市、富民县、永定街道、南营村村委实现互联互通、协同工作，为给实验区的成功孵化提供良好的运行环境，创新建立了五级联动机制和主要由街道办牵头形成的“3＋8”驻村工作机制。两大机制密切配合、相互支持，形成石桥实验村信息共享、人员共商共建的实验区发展大平台，在基层治理体制机制创新上持续发力，着力推动形成重协调、常态化、高效运行、可复制的优秀实践经验，在为村政服务提供保障的同时形成能够促进乡村善治的工作机制。

第五节　村政服务和乡村善治的石桥经验与挑战

一、经验总结

在全体村民的共同努力之下，石桥村在村政服务和乡村善治方面已经取得了一系列重大进步：

自治管理方面，上下齐心共同参与干劲足。自村规民约实施以来，石桥村的人居环境卫生状况趋好，生态环境情况也比较乐观，推动了精神文明和生态宜居乡村建设，促进了环境整治工作长效化机制形成。在人居环境方面，村规民约做出了明确的要求，奖惩条例清晰，对村民的生产生活行为起到了一定的约束规范作用。2013 年，在“幸福乡村”政策号召下，村民自发对村内环境开展清洁整治行动，约定每月最后一天进行一次大扫除，并形成良好风俗一直延续至今，调动了村民参与人居环境整治的热情，促进了村容村貌焕然一新。在生态环境方面，石桥村十分重视对自然资源的保护。关于林木资源，村规民约明令禁止倒卖辖区内任何树木；关于土地资源，所有有关转让、出租、承包等土地变动的事项都要向村民小组报备，经村民大会讨论后方可执行；关于水资源，根据政府、村委会和专家的指导建议，合理规划种植的区域位置，既便于利用河水进行农作物灌溉又不破坏河流原本走向。

法治引领方面，治理有效公平正义促和谐。自村规民约实施以来，石桥村在法治层面最大的变化就是公共秩序更加稳定，社会关系更加和谐。

在公共秩序稳定方面，最突出的就是村规民约对公共与私人财产安全的保护，村民小组组长在访谈过程中提到2014年村里治安案件与去年同期相比减少了约70%。一方面，村规民约的不断修订令村民的权利得到了保障，利益分配公开、公平、公正。村庄整体的公共安全情况向好，村民的公共意识也有所提高，自觉维护公共基础设施，较少存在损害集体利益的情况。另一方面，2013年，石桥村大部分村民都摘掉了贫困户的帽子，生活水平不断提高，文化素质和道德水平也不断提升，因此村庄的公共秩序也更加稳定。在社会关系和谐方面，村规民约协调了家庭、邻里、干群之间的关系，有利于社会资本信任网络的构建，村民对村集体的归属感和认同感也有了较大的提高，凝聚力不断增强，整个村里的社会关系处在一个相对和谐的状态。

德治教化方面，道德引领潜移默化树榜样。2013年村规民约的应用，有力促进了石桥村乡风文明目标的实现。在树新风、讲文明的工作中，石桥村充分利用村规民约这一有力抓手，大力推行乡村德治举措，始终把提高村民文化素养作为乡风文明建设的重要内容。石桥村的村规民约不仅能够正确的传承传统文化，也成为宣传社会主义核心价值观的重要载体。一方面，为了防止传统文化束之高阁，石桥村继承和弘扬优秀传统文化，发挥道德模范的引领示范作用，开展了“最美媳妇”“文明家庭”“幸福家庭”“最美庭院”等评比活动，先后涌现出许多先进道德模范。通过正向的激励示范作用，逐渐形成家庭内部和睦、邻里守望相助的乡风文明氛围，极大地带动了村里的慈孝风气。此外，村规民约还致力于移风易俗，对婚丧嫁娶进行了规范管理，例如由原来的宴客3天精简至2天，根据实际情况上报宴客人数，不得虚报瞒报，根据户号安排义务帮忙人员等。随着村规民约在各种活动中的应用，促进石桥村村民培养勤劳致富、尊老爱幼、乐善好施的优良品德。另一方面，村规民约的内容契合了社会主义核心价值体系中国家、社会、个人层面的内容，遵循社会主义核心价值观所倡导的价值追求和理念追求，通过开设图书阅览室、放映宣传片等方式帮助村民将社会主义核心价值观内化于心、外化于行。

都市驱动型乡村振兴实验开展以来，石桥村在村政服务与乡村善治机制方面更是展开了积极的实践探索，已经形成了九项乡村善治制度（《石桥村党员联系户制度》《石桥村一会四议两公开一监督工作制度》《石桥村集体“三资”管理制度》《石桥村卫生保洁制度》《石桥村建房管理制度》《石桥村土地资源管护开发利用管理办法》《石桥村老宅和宅基地使用权登记备案方案》《石桥村森林资源开发利用管护制度》《石桥村水资源开发利用和管护制度》)，总结出了高效运行、灵活应变、具有可推广性的地方经验，概括总结如下：

第一，加强基层治理体制机制创新，完善村政服务制度保障，形成乡村善治制度基础。石桥村在探索“村政服务与乡村善治机制”的过程中，在基层治理体制机制创新、建立完善改革实验相关制度方案方面产生了丰富的实践成果。在昆明市委、都市驱动型乡村振兴创新实验区领导小组的指导下，石桥村创新形成了联动专家组、市、县、街道、村委会五级的联动工作机制，在促进上下级工作信息交流、提升工作信息透明度、及时贯彻落实上级指导意见、快速反馈在实践中遇到的新问题方面有积极作用，形成了不同层级之间相互支持、密切配合的信息汇集大平台。在五级联动的基础上，街道层级发挥主力作用，编派由街道书记、副书记、副主任、“八大员”等人员组成的“3＋8”驻村工作队，对石桥村在党建、规划、土地利用、资源分配等不同领域实践中遇到的问题进行实地指导，强化了村级在推进改革任务时的信心。石桥村在完善制度建设中也不甘示弱，在村规民约的规范下，通过“一会四议两公开”制度表决形成了有关石桥村未来发展的“十项制度”，强化了石桥村治理有效的制度保障。石桥村通过创新利用“五级联动”、“3＋8”驻村工作队、村规民约和“十项制度”等工作体制机制和制度举措，完善了提供优质村政服务和促进乡村善治的制度保障和基础。

第二，发展村集体股份制经营项目，提供村政服务物质保障，构建乡村善治物质基础。在都市驱动型乡村振兴实验区领导小组的指导下，石桥村的村集体经济呈现出规模较大、与外部市场联结程度较深的特征，因此，能在短期内获得产业资金，同时还能够实现集体经济对村民带动作用的股份制经济形式便成为石桥村发展村集体经济的首选。目前，石桥村村集体和村集体企业南西桥公司已在集体土地租赁、草莓采摘生态产业发展、村级市场便民服务等方面形成了经验，每年村集体预计能够获得

10万～20万元的土地租金收入，村集体企业南西桥公司通过草莓基地、温泉酒店、餐饮服务等项目，年营收百余万元的现代化企业，与此同时，南西桥公司还为石桥村村民提供了10～20个就业岗位，在创造集体经济效益的同时还在一定程度上缓解了就业问题。石桥村通过以股份制为特色的集体经济项目，为未来提供多样化、高质量的村政服务，进而实现乡村善治提供了一定水平的物质保障和基础。

第三，创建农村基层互助全新模式，开辟村政服务创新路径，搭建乡村善治人文基础。石桥村在创新基层互助模式，尝试村政服务新路径方面也做出了尝试。石桥村的红白理事会由村民活动中心演变而来，不仅具备原村民活动中心承接公司团建等集体活动的职能，而且在减少过去广泛存在铺张浪费风气的红白事办理方面有了突出贡献。石桥村村委采用“线上安排＋线下帮忙”的模式，将乡村社会、熟人社会的人情机制同现代化管理模式相结合，既减少了红白事大操大办带来的不必要的资源的浪费，还在简化红白事办理的过程中为村集体节约了一大笔资金，帮忙的村民们也能够从“线上安排＋线下帮忙”这一模式中获益，避免帮忙与私事产生的时间冲突，减少因帮忙产生的矛盾。石桥村通过红白理事会这一载体，创建了农村基层互助处理红白事的新模式，在为村集体提供村政服务方面提供了可尝试的新路径，同时也为实现乡村善治培养了村委会同村民、村民同村民之间的和谐的人文氛围和人文基础。

二、面临挑战

石桥村所隶属的南营村村委会先后获得昆明市基层党建示范点、昆明市级文明村、昆明市民主法治村、富民县先进基层党组织等荣誉称号，村庄的知名度提升，各项事业充满活力，得到了各级领导的重视。2019年，石桥村被评为市级文明村，下一步石桥村将按照全国文明村的标准，创建永定街道第一个全国文明村。

当然，实现乡村善治是一项长期而艰巨的任务，石桥村在村政服务及乡村善治方面也还面临着一些挑战。比如，石桥村内最大的集体经济企业南西桥公司推动的康养休闲产业发展了七年，已经成为一家融合了村集体、村民、外部资本等的混合所有制企业，其资金来源和成分相对复杂，进一步激发村集体、村民和外部资本多方力量对产业的推动力，是石桥村集体和村民致富的关键所在，也是乡村治理的前提和基础。此外，人才是实现乡村善治的关键因素，但目前石桥村的乡村人才队伍不甚稳定，因为新冠肺炎疫情，南西桥公司盈利不足，最终流失了两名职业经理人，同时石桥村培养的乡村 CEO 离承担起企业运营职责还有不小的能力差距，如何能够进一步吸引外部人才并培养内部人才是推动乡村善治的重要问题。

第九章 文脉赓续：乡村特色文化传承保护

第一节 引　　言

富民永定，南营石桥。依山而建，伴溪而居。香火绵绵，传承世代耕作；沃土深深，孕育近百人家。自古南北贯道，如今乡村名邦。

一席之地，乡间一隅。冬暖夏凉，春醒秋香。饵块耐浸，糯米名扬。陈祝徐苏，四姓兴替，任随千古岁月；瓜果米黍，五谷丰登，尽享百世春秋。白衣庵四合院落，名花有主；石桥村八方圣土，再现典藏。茶马穿梭，难想古村繁华景象；大道通畅，谁料今朝风云盘桓。

昔有温泉，名门接踵；二龙相让，罗茨润沾。小龙栖溪，汤泉酥筋。天赐琼池，福泽四旁。桥头跪饮，膝下金黄。两妇牧野，一孺得偿。欲掰龙口，义感上苍。乡陌民俗，描绘石桥风雅图画；南溪胜境，洗净人生劳碌沧桑。子敬孙贤，尽孝不分婆母，难见四世和美；口甜风清，闲谈不论人非，何来里短家长？天地涵养，村无不便之人；气正教泽，家无不良之孙。

木秀于林，人善于性；风动无影，水流无形。家乃国之本，国乃家之依；家兴业旺，人之所向。富春山居，人画相宜；乡村振兴，本固枝繁。石拱行走，留下几多回忆；金桥飞渡，再谱无尽华章。

上面这段优美的文字名曰《石桥赋》，短短数百字，写尽了石桥村悠久的历史文化和优美的田园风光。

乡村振兴，文化先行。乡村文化振兴是乡村振兴的题中应有之义，也是实现“产业兴旺、生态宜居、乡风文明、治理有效、生活富裕”二十字要求的前提条件和必要保证。乡村文化振兴强调对乡村传统文化的保护、传承与创新，以实现乡村传统文化与现代文化的融合以及复兴为根本诉求。① 石桥村在乡村文化振兴的探索和建设过程中，逐渐摸索出了一条以特色传统文化为核心，以石桥历史文化为底色，以党建红色文化为引领，以南西桥公司为依托的乡村特色文化传承保护机制。

第二节　乡村特色文化传承保护的研究进展与政策安排

乡村特色文化主要是包括民族、宗教、饮食、古村建筑、服饰、工艺、农耕等具有特色的文化内容。目前，学界普遍认为，从传承和保护的角度来讲，最好的机制就是通过开发的形式使其产生经济价值，这包括政府、市场、社会组织以及个人以不同形式的组合形成的可持续发展机制，发展的产业则涵盖文化旅游业、民族民间工艺品业、演艺娱乐业、特色节庆业、特色展览业等。随着社会经济的快速发展，以种植业为主的生计模式不仅受自然环境影响大，而且受交通、地理环境的限制，与城市发展存在很大差距。因此，发展以乡村旅游业为代表的特色文化产业显得尤为必要。

一、学术视角下的研究进展

文化产业是社会经济文化形态从低级阶段演进到高级阶段后出现的一种新型社会文化经济类型。② 我国现代意义上的乡村特色文化产业始于20 世纪 80 年代出现在青城山一带的“农家乐”。青城山一带由于风景秀美，且靠近富庶的成都地区，吸引着大量城市居民，但由于其僻处荒野，缺少设施完备的宾馆、酒店，当地农民便在旅游旺季自发出租自

① 范建华，秦会朵．关于乡村文化振兴的若干思考［J］．思想战线，2019，45（4）：86－96．

② 胡惠林．关于文化产业发展若干问题的思考［J］．华中师范大学学报（人文社会科学版），2016，55（6）：63－75．

己的房屋以获取一定收入，我国的乡村旅游和乡村旅游研究由此起步，并逐渐发展成为提供饮食服务和麻将等娱乐服务的“农家乐”“渔家乐”。历经几十年的发展，当前，我国乡村已经走到了巩固拓展脱贫攻坚成果同乡村振兴有效衔接的关键阶段。在此背景下，学者们一致认为，通过发展乡村特色文化产业产生经济价值的文化传承与保护机制，全面分析当地在宗教、饮食、服饰等方面的独特性，抓住核心特色文化，然后找到产品或服务的载体，可以充分发挥这种以“文化遗产”为核心的文化—经济产业链对其他生产要素的带动作用，从而有效促进农村产业结构调整、农民高质量就业、村容村貌改善、乡村自然与文化遗产保护、吸引资金注入等工作，对乡村振兴具有重要意义。

在产业结构调整方面，我国加入世界贸易组织以来，传统耕作农业由于人力成本过高，不具备国际竞争力，而乡村文旅产业以农业为基础，将第一产业和第三产业相融合①，延伸了农业产业链，提升了农产品附加值，促进了农产品商品化和高端化，有助于打破这一困局，促进地区经济发展与经济结构转型。②

在就业方面，乡村文旅产业与耕作农业一样，同属劳动力密集型产业，对劳动力的吸纳空间大、范围广③，当地农民可以通过开办农家乐、纪念品店、乡村民宿或入职旅游开发企业等途径实现剩余劳动力的就地转移和综合素质的提高。此外，乡村文旅产业由于经济附加值较高，为农民带来的收入也远大于其他产业，能够有效缩小城乡收入差距。④

在村容村貌改善方面，由于城乡二元化结构性差异的长期存在，我国许多农村地区都出现了宅基地过度闲置废弃、土地抛荒的“空心村”现象。通过发展乡村特色文化产业，将闲置多余的农村土地整治开发成独具特色的农场、牧场、水果种植园和乡村民宿等休闲度假场所，有助于改善

① 郭焕成，韩非．中国乡村旅游发展综述［J］．地理科学进展，2010，29（12）：1597－1605.

② 林巧，戴维奇．乡村旅游与乡村发展的互动关系［J］．经济地理，2006，26（S2）：31－34.

③ 李妍．发展乡村旅游服务新农村建设［J］．商业经济，2009（5）：101－102.

④ 林移刚，杨文华．我国乡村旅游精准扶贫困境与破解研究：基于生产要素视角［J］．云南民族大学学报（哲学社会科学版），2017，34（2）：121－127.

村容村貌，破解“空心村”问题。[①] 另外，交通、供水供电、卫生事业、园林绿化等配套基础设施也会在开发中逐渐完善。

在保护传承乡村自然与文化遗产方面，乡村旅游业作为一种无烟工业，对生态环境破坏较小，有助于留住“乡愁”，同时可以促进当地地方文化遗产的保护、传承与开发。[②] 并且，如果乡村自然和文化资源促进了地方经济发展，为村民带来了真金白银的收益，那么村民也会自觉、自愿地保护当地自然环境，由此形成良性循环，法国政府正是依靠这一逻辑开展乡村教堂旅游，保护了乡村教堂与宗教文化传统。[③] 而另一方面，乡村旅游不仅仅是农业文明对城市游客的单方面输出，城市居民在来访的同时也会潜移默化地传播现代城市文明和文化，这将有助于广大农民享受现代文明成果。[④]

在吸引资金方面，长期以来，我国农村地区的基础设施建设、资源开发等工作仅仅依靠政府财政投入，难以完全满足需要。而乡村特色文化产业涵盖范围广、资金流动速度快、城乡发展效益高，可以通过发展产业引入社会资本，激活民间资本积极创业，同时促进乡村可持续发展。[⑤⑥]

二、实践视角下的政策安排

20 世纪 90 年代，随着“1＋2”休假制度颁布、双休日制度实行、春节假期延长、“黄金周”概念的提出，城市居民的休闲娱乐时间大大增加，

① 程哲，蔡建明，崔莉，等．乡村转型发展产业驱动机制：以盘锦乡村旅游为例 [J]. 农业现代化研究，2016，37 (1)：143－150.

② 陶玉霞．新农村建设背景下乡村旅游可持续发展的内涵建设 [J]. 河南师范大学学报（哲学社会科学版），2010，37 (4)：85－89.

③ 景再方，杨肖丽．中国乡村旅居产业发展的制约因素与模式选择 [J]. 农业经济，2010 (6)：31－33.

④ 笪玲．都市近郊乡村旅游发展与新农村建设互动关系探析 [J]. 农业现代化研究，2010，31 (6)：683－687.

⑤ 邹统钎．乡村旅游推动新农村建设的模式与政策取向 [J]. 福建农林大学学报（哲学社会科学版），2008，11 (3)：31－34.

⑥ 党雪华．乡村旅游促进农村经济发展的路径探究：以洪湖市为例 [J]. 现代农村科技，2020 (7)：7－8.

乡村旅游迅速发展，1998 年国家旅游局将当年旅游主题确定为“中国华夏城乡游”，吸引了大批旅游者涌入乡村。自从进入新世纪以来，一方面，农业生产方式改进，农村劳动力需求下降，剩余农产品增长，许多农村人口外移，导致乡村服务业萧条和乡村社区衰落，且老龄化也开始突出，因此政府开始促进传统农业向休闲农业转型[①]；另一方面，城市人民生活水平由温饱逐步转向小康，对休闲旅游的需求更加强烈，因此休闲农业和乡村旅游在这一时期发展速度快、规模大、数量多，整个产业呈现出快速发展的良好态势。[②] 同时，政府部门也开始积极推动乡村旅游标准制定和制度建设，国家对乡村旅游的扶持和管理都逐渐走上了正轨：2002 年，我国颁布了《全国农业旅游示范点、工业旅游示范点检查标准（试行)》，标志着我国乡村旅游开始走向规范化、高质化；2006 年 8 月，国家旅游局发布了《关于促进农村旅游发展的指导意见》，提出乡村旅游是“以工促农，以城带乡”的重要途径；2008 年，《中共中央关于推进农村改革发展若干重大问题的决定》的出台使乡村旅游的经营模式更加科学化、合理化和多样化；2011 年，农业部专门针对乡村旅游提出了《全国休闲农业发展第十二个五年规划（2011—2015 年)》，提出五大任务、四类区域布局、六大重点工程；2015 年，国务院办公厅发布《关于加快转变农业发展方式的意见》，对乡村旅游发展提出了三点要求；2017 年，国家发展改革委等 14 部门联合印发《促进乡村旅游发展提质升级行动方案》，从基础设施和配套服务、扶持政策和长效机制、区域差异化发展 3 方面提出了 13 条具体的政策措施；2020 年，农业农村部印发了《全国乡村产业发展规划（2020—2025 年)》，再次给予乡村旅游一揽子政策支撑并指出我国已进入了乡村休闲旅游业快速发展阶段，2019 年，休闲农业接待游客 32 亿人次，营业收入超过 8 500 亿元。[③]

① 何景明，李立华．关于“乡村旅游”概念的探讨［J］．西南师范大学学报（人文社会科学版），2002（5）：125－128.

② 张辉，方家，杨礼宪．我国休闲农业和乡村旅游发展现状与趋势展望［J］．中国农业资源与区划，2017，38（9）：205－208.

③ 马思伟．乡村旅游又获政策支撑［N］．中国文化报，2020－07－21.

第三节　实验前石桥村面临的乡村特色文化传承保护困境

一、特色佛教文化开发不足

在石桥村境内，有一座名为九峰山西华禅寺的佛教名刹，承载着独特的佛教文化。九峰山西华禅寺位于富民县永定街道南营村村委会南营后村西 2 公里山凹内，距县城 7 公里。据史志记载，明万历四十四年（1616 年），西湖灵隐寺高僧楚圆卓锡到达九峰山，境内地广人稀，山巅耸翠，荆棘丛生，他步入南营，见九峰棋布，峰凹长满参天古树，峰峰身形各异，有似白象、有似青狮、有似群鹿、有似金钟，叹为虎豹盘踞之地。楚圆看后，决心在此建一佛寺，便向当地士绅讨地。这即是九峰山有佛寺之始。明崇祯十二年（1639 年），宁波天童山天童寺灵药慧宗禅师受师命到云南弘传临济宗，清康熙元年（1662 年），由昆明移居富民九峰山，将望霞峰（南极峰、寿星峰）、天马峰（势至峰）、熊耳峰（净瓶峰）、宝钵峰（钵盂峰）、金钟峰（接引峰）、白象峰、秀狮峰、群鹿峰、仙鹤峰九座山峰在内的 6 000 顷地纳入寺庙管理，由当地官绅钉桩划界确认。用地确认后，灵药祖师便朝出暮归，着衣持钵募化，建设西华禅寺。康熙八年（1669 年），西华禅寺全寺建成，共有天井 18 个，堂舍计有大雄宝殿、弥勒殿、观音殿、厢房、禅堂、方丈室、厨房、库房和普同塔，禅舍 120 余间。民国二十三年（1934 年），僧人普道任九峰山住持时有两幢大碑记，民国二十六年到二十八年（1937—1939 年），徐倬云任富民县长期间，曾请莱街段国祥主修县志，普道到九峰山各下院搜集各寺兴衰掌故，主持编修了《九峰山志》。但在 20 世纪五六十年代“大炼钢铁”运动中，西华禅寺遭到了严重的破坏，大部分殿宇被拆除。

2006 年 12 月，昆明市民族宗教事务局下发《关于同意九峰山西华禅寺在恢复重建后作为固定处所开放的批复》。2008 年，在时任云南省佛教协会副会长崇化筹资支持下，西华禅寺开始了重建工作。2009 年 10 月，云南省民族宗教事务局下发《关于同意设立富民县西华禅寺为宗教活动场所的批复》。2010 年，占地 21 余亩的大雄宝殿建成投入使用。经过长达十年的重建工作，九峰山西华禅寺现已逐渐恢复当年风采。然而，九峰山西华禅寺虽然坐拥湖光山色和宗教文化，自然人文风光天然成趣，但石桥村对其旅游价值的开发探索还处于较为初级的阶段，特色宗教文化有待进一步开发。

二、传统历史文化挖掘不深

石桥村历史悠久，南靠马拉河桥，北倚北营桥，马拉小河自西向东从村内蜿蜒经过，流向螳螂川大河。石桥之名，即来自河上矗立的一座石拱桥。石桥村最初有人居住的具体时间已不可考，据走访本村健在高龄老人（现 97 岁）及查证农户收藏家谱、村内流传事迹记载等相关资料，在太平天国运动前，村内茶马古道是四川会理、禄劝等地进入昆明的主要通道。当时村内人口众多，相当繁华，在烤烟棚（现徐正明、徐正标、毛建辉家一片）一带，开有客栈、酒馆、烟馆、大车店集市等，太平天国义军经过时烧毁（近年烤烟棚一片农户建房挖基坑曾挖出条石、瓦罐、谷壳、生产劳动工具等），义军走后本村只剩下祝姓、陈姓、苏姓、杨姓、郭姓、胡姓、王姓几户人家。现村内大姓徐姓原姓薛，是 1865 年由四川迁到本村的；朱姓则是于 1968 年由马鹿塘搬迁到石桥村居住。

20 世纪以来，石桥村历经鼠疫、中华人民共和国成立、土改、包产到户、村集体荒山有偿转让给村民、停缴农业税、“幸福乡村”建设、“美丽乡村”建设等重大事件，代代村民为建设一个幸福美丽的石桥，始终团结努力，不懈奋斗。目前，石桥村已被定为“省级规划示范村”，建立起了农贸市场、草莓基地、南西桥公司等集体经济，在 2019 年更是被确定为昆明都市驱动型乡村振兴项目的 6 个实验村之一，呈现出一片欣欣向荣之势。石桥村虽然历史悠久，底蕴深厚，但长期以来，村民们并没有形成文化传承与保护的意识，悠久丰富的历史文化有待进一步挖掘和利用。

三、村内文化空间利用不善

石桥村内原有一处占地 5.6 亩的小游园，建设的初衷本是为村民提供散步、休闲和娱乐的场所，但一方面由于其草木旺盛，出现大量蛇虫，另一方面由于南西桥公司建立后村民有了更多的休闲娱乐场所，故小游园自2012年建成以来一直处于荒废状态。乡村建筑作为承载文化的物理空间和载体，在实验前尚未得到充分的重视与利用，也成为实验开展后的重点之一。

第四节　乡村特色文化传承保护的石桥实践

一、以特色传统文化为核心

优美的自然风光和深厚的人文底蕴吸引来了游客，但如果不能做好配套服务，乡村旅游只能是“一锤子买卖”，石桥村丰富的文化价值也无法转化为长效的经济价值。为促进乡村旅游可持续发展，按照中国农业大学和昆明市政府签订的乡村振兴政校合作协议，在6个都市驱动型乡村振兴创新实验区中，石桥村将按“康旅石桥”的定位进行实验，以温泉酒店、禅意庭院和“滇中一颗印”为三大核心抓手。

“康旅石桥”logo由中国农业大学设计师和专家团队共同设计，于2020年8月13日正式投入使用，logo由石桥、牛、杨梅、祥云和水纹等5种文化元素和“康旅石桥”的文字共同组成。每一种文化元素以及文字都与石桥村紧密相关，弯弯的拱桥是石桥村名的由来，二牛戏水体现的是石桥村传统节日的风俗，杨梅是石桥村的特色水果的代表，石桥村地处七彩云南，祥云作为一种文化符号与象征更是不可或缺。

“康旅石桥”logo

所谓“康旅石桥”，是指“康养+农旅”，即将石桥村内的九峰山西华禅寺、特色温泉项目和佛教文化（如参禅、礼佛、沐浴）等相结合，主打“康养”名片，同时充分利用七彩花海、草莓基地、共享农场等其他资源，体现“农旅”色彩，发展乡村旅游。

（一）温泉酒店

在“康旅石桥”打造中，石桥村充分利用好温泉这个价值转换载体，决心打造一家“温泉酒店”。2021 年，石桥村在离村委会不到 100 米的地方开采出了深度约 1 400 米的温泉，为温泉酒店的持续发展奠定了基础。

（二）禅意庭院

“康旅石桥”的“康养”不仅体现在有形的物质上，更是一种无形的生活方式。石桥村积极打造禅意庭院，使游客在与自然相亲相和中体味“与外无争的求和心性以及直观静醒的慎独生活”①，目前已形成两套完整的民宿设计方案和一套意向方案，均旨在打造集住宿、温泉、机麻娱乐于一体的多样性商业住宅。

其中，方案一以木、石为主要元素，以原木色、纯白色为主色调，以新中式风格为背景，进行“减法”设计，搭配现代轻奢风格饰品。每个房间的装修成本预计 37 万左右，装修工期 90 天，目标群体主要以家庭为单位，单间平均消费水平在 450 元/晚左右。

一号民宿效果图

方案二以花、水为主要元素，色彩搭配设计以原木色、纯白色和蓝色为主色调，以现代极简风格为背景，搭配现代轻奢风格饰品。每个房间的装修成本预计 49 万左右，装修工期 120 天，目标群体主要以家庭为单位，单间平均消费水平在 450 元/晚左右。

① 许倬云．中国文化与世界文化［M］．桂林：广西师范大学出版社，2006：161.

二号民宿效果图

（三）“滇中一颗印”

石桥村实验开展以来，经中国农业大学专家团队实地调研、反复商讨，发现村内闲置的小游园原有的圆环设计和中间的树犹如一个日晷，体现昼夜变换，并且植被覆盖率高，远离道路的喧嚣，与充满人间烟火气的南西桥形成一静一动之对比，故最终决定将富民县城白依庵街的一座四合院易地搬迁至小游园。该四合院整体造型为“三间两耳倒八尺”，具有传统云南民居的特色，设计古朴典雅，木质上乘，结构严谨，造型大方，已有百年的历史，被称为“滇中一颗印”，但由于棚改政策，四合院本计划被拆除。因此，为保护文物和发挥其更大的价值，石桥村集体借助项目资金购买了该四合院，将其整体移建到石桥村。移建过程中，工人们对每一段木材、瓦片都进行了编号，分批有序运回石桥村，真正做到了修旧如旧，最大限度地保留了四合院的原貌。

四合院建成后，由于其背靠九峰山，故命名为九峰书院，由石桥村集体委托南西桥公司进行运营和管理，南西桥公司每年年底向村集体缴纳 5 万元租金。九峰书院承载滇中建筑文化积淀和九峰山民俗风情，增强了村庄历史积淀，成为一处文化交流平台，目前被用作教授工作站。未来，九峰书院还将被打造为高档民宿四合院，进行市场化盘活，由南西桥公司代为管理经营，既可以推动南西桥公司的高品质发展，又可以进一步增加农民收入，壮大村集体经济，是石桥村探索文化与经济价值相互转化的有益成果。

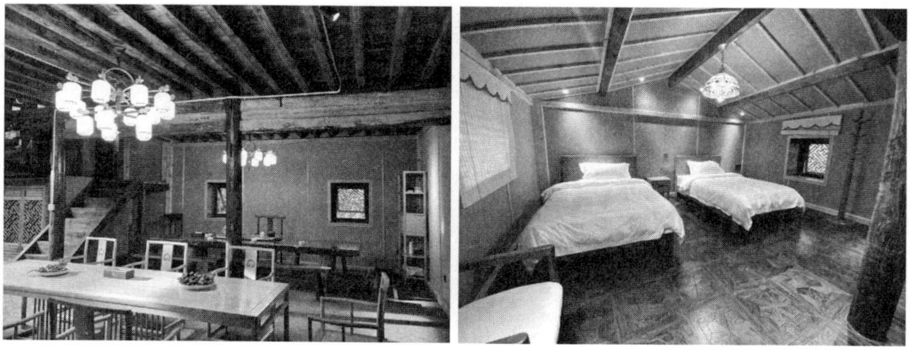

九峰书院内景

未来，石桥村斥资 20 余万元定制的以“康旅石桥”logo 为蓝本的“扭转乾坤”雕塑将作为标志性建筑矗立在石桥村村口。二牛戏水，笑迎八方来客，祥云笼罩，护佑石桥发展。立足于九峰山西华禅寺和九峰书院深厚悠久的历史文化资源以及温泉地热等得天独厚的自然资源，“康旅石桥”的建设必将更上一层楼。

二、以石桥历史文化为底色

村史，本质上是一段集体记忆。有关集体记忆的研究最早可以追溯到涂尔干提出的“集体意识”。集体意识是由社会成员在保持个性的同时，在交往中因共同利益、共同需求、共同价值评价等而形成的共有思想观念[①]。哈布瓦赫认为，集体记忆是特定社会群体成员共享往事的过程和结果，更重要的是，它弥补了欢腾时期和日常生活时期之间的空白[②]，也就是说，集体记忆发挥了重要的社会整合功能。保罗·康纳顿还指出，在村落集体记忆中，“每个人都在描绘，每个人都在被描绘”[③]，即人们不总是单方面地创造集体记忆，集体记忆一经形成，还有可能形成社会规范，反过来形塑记忆主体的行为。

① 爱弥尔·涂尔干．宗教生活的基本形式［M］．上海：上海人民出版社，2006：224.

② 莫里斯·哈布瓦赫，哈布瓦赫，毕然，等．论集体记忆［M］．上海：上海人民出版社，2002.

③ 康纳顿．社会如何记忆［M］．上海：上海人民出版社，2000：14.

在我国，自从2013年中央城镇化工作会议指出要“让居民望得见山、看得见水、记得住乡愁”以来，关于乡村集体记忆的研究逐渐增多，且研究视角从文学、传播学拓展到社会学、档案学、管理学等领域。目前，学界对乡村集体记忆是“乡村共同体的黏合剂和文化遗产”① 已经形成共识，研究焦点主要集中在集体记忆的形成过程、作用机制等方面。

自乡村振兴实验实施以来，石桥村和项目组一同着手进行村志村史编纂的工作。历史是现实的依据和根源，编纂村志的主要目的就是总结历史、阐述现实、预见未来、传承文明。有了村志的记载，我们才能将村庄的历史故事讲给我们的后辈，我们的后辈再将石桥的历史讲述给子子孙孙，形成历史与文化的传承，所以村志对于一个村庄的延续与传承至关重要。鉴于此，石桥历史文化将成为石桥村乡村特色传统文化传承保护的底色，也是将来的子孙后代用之不尽、取之不竭的宝贵精神遗产。

三、以党建红色文化为引领

习近平总书记在2017年10月19日上午参加党的十九大贵州省代表团讨论时强调，“办好中国的事情，关键在党”“党的根基在基层，一定要抓好基层党建，在农村始终坚持党的领导”②。党建工作抓实了就是生产力，抓细了就是凝聚力，抓强了就是战斗力，是凝聚人心、推动社会发展的强大力量。石桥村深刻认识到，乡村发展的兴衰，关键在党，在乡村振兴各项工作中始终坚持以党建文化为引领。一方面，发挥党员和基层党组织在乡村特色文化传承保护中的先锋模范作用和战斗堡垒作用；另一方面，积极宣传红色文化，以科学的理论武装人，以正确的舆论引导人，以高尚的精神塑造人，以优秀的作品鼓舞人。

（一）党建文化建设基础

石桥村的党建文化建设工作开展基础良好。经济方面，石桥村自

① 郑杭生，张亚鹏．社会记忆与乡村的再发现：华北侯村的调查［J］．社会学评论，2015，3（1）：8.

② 习近平在参加党的十九大贵州省代表团讨论时强调 万众一心开拓进取把新时代中国特色社会主义推向前进［J］．中国经济周刊，2017（42）：98-99.

2013 年第一次入股成功分红以来，不断进行“土地变资产、村民变股民”的股份合作经济的探索，目前已成功建立农贸市场（2013 年）、九峰草莓合作社（2014 年）、南西桥公司（2015 年），村集体经济收益良好，物质基础雄厚，为党的领导力和行动力提升创造了条件[①]；传统方面，石桥村共有党员 11 人，历来有党员带头参与志愿服务活动的优良传统，例如，为建设“幸福乡村”，石桥村党员积极参加提升村容村貌义务劳动，带头种树，对山坡进行绿化和美化工作，并实行分段管护责任制，不仅整治了村内外环境卫生，也通过提供公共服务为其他村民做出了表率和示范，重构了乡村的公共性，增强了党的凝聚力和号召力[②]。

（二）党建文化建设新思路

未来，石桥村的党建文化工作新思路有如下几点。

在党建文化方面，打造党建宣传长廊和宣传墙。在内容上，印刷、张贴《中国共产党廉洁自律准则》、社会主义核心价值观、“三德三爱三节”、“两学一做”等相关条例、知识，让党建文化在潜移默化中融进村民生活；在功能上，将党建文化宣传与休闲（如乘凉、下棋、休憩）、社交等功能结合；在设计上，注重与村内其他设施形成统一风格，保持、创新地域乡土建筑原则，最大程度保留原有村落结构与聚落空间环境等要素。

在党建活动方面，举办形式多样、主题鲜明的党建活动。定期举办主题党日活动，举办党建知识讲座，收集、展示村内老党员的先进事迹，反响良好的党建活动也可加入上述党建文化宣传长廊和宣传墙中。通过党建活动这一“记忆过程”将记忆主体（村民）与记忆客体（乡村特色文化）联结起来，建构起全体村民的乡村集体精神性记忆，从而实现道德教化、行为规约、精神慰藉、社会认同、文化传承等功能，传承乡村价值，保护乡村文化[③]。

---

① 朱正平．农村基层党组织服务功能的强化动力与实现模式探索［J］．中共成都市委党校学报，2011（5）：24－28.

② 霍军亮．乡土文化变迁视阈下农村思想政治教育的困境与对策［J］．学习与实践，2016（9）：107－113.

③ 鲁可荣．乡村集体记忆重构与价值传承［J］．民俗研究，2021（3）：62－70，158.

在党建管理方面，建立起党员积分制和责任清单制，探索智慧党建。为贯彻落实党的十九大精神，进一步加强和改进对党员的教育、管理和监督，引导党员切实发挥先锋模范作用，加强党内激励关怀和帮扶，提高石桥村民小组党组织的凝聚力、战斗力。石桥村民小组经过探索研讨，制定并实施了党员积分制（表 9－1）。积分制设基础分和履职分：基础分包括党员的政治本色、理想信念、“两学一做”、“三会一课”、“党组织生活日”、遵纪守法、按时足额交党费等方面；履职分包括岗位履职、志愿服务和公益活动、受表彰等方面。党员年度积分高低，作为民主评议党员时评定等次和奖惩的重要依据。对年度考核优秀的党员予以奖励，年度积分在 90 分以上的，为优秀合格党员；60 分以下为不合格党员，须分析原因，支部落实帮教措施。若违反党的政治纪律、组织纪律、廉洁纪律等则一票否决，积分清零。预备党员年度积分未达到 60 分的，延长预备期；无正当理由年度积分未达到 60 分或出现一票否决情况的，取消预备党员资格，3 年内不得发展为党员。采用党员积分制，有利于实现乡村治理从“管理”到“治理”的转变，强化基层社会综合治理能力，同时激发村民参与乡村治理的内生动力，培育乡村公共精神，最终集结乡村治理的本土资源①。从石桥村的实践来看，实施积分制以来，党建工作有制度依据可循，以党建促环保、促经济的长效机制初步形成，积分制已成为石桥村党建工作的特色与重点。

表 9－1　石桥村党员积分表

积分 姓名	1 至 6 月	6 至 12 月
徐建坤		
徐建昌		
毛建辉		
苏发云		
徐正高		

① 马树同．共建共治共享社会治理格局下乡村治理模式的生成逻辑：基于宁夏 J 县积分制的实践考察 [J]．宁夏社会科学，2020（4）：133－138.

（续）

姓名＼积分	1至6月	6至12月
徐正标		
徐正发		
胡春庆		
李勇能		
陆春兰		
宋丽琼		

四、以南西桥公司为依托

（一）南西桥公司概况

2015年6月，在南营村村委会主任徐建昌的建议和富民县产投公司的支持下，继农贸市场、九峰草莓合作社之后，石桥村第三个村集体经济发展企业——南西桥公司正式成立。南西桥公司采用“股份合作＋公司化经营”的方式，先后有54户村民集资入股510万，占股51%，富民县委县政府以政府入股的方式投资490万，占股49%。南西桥公司独立核算、自主经营、自负盈亏、民主管理，目前形成了集餐饮住宿、休闲娱乐、田园观光、户外拓展、特色林果采摘于一体的多功能景区，形成区块化管理，为该村打造以七彩稻田、七彩花海为主要特色的村落提供了基础。

（二）南西桥公司发挥的积极作用与作用机制

2020年，在疫情影响的特殊情况下，南西桥公司营业额仍达530万元，创造了120万元的收入；2022年营业额更是达到725万元，利润245万元，公司其他项目建设完成后，预计每年营业额可达1 000万元。同时，南西桥公司还为石桥村60位村民就近就业提供了岗位，就业村民每人年均工资3.6万元，每年工资收入共计216万元。未来，南西桥公司将继续沿袭和壮大泼水节、篝火晚会、火把节等少数民族节日特色活动，用传统文化增加石桥村乡村旅游建设的吸引力。虽然石桥村并不是以少数民族聚集为主的村庄，但是在云南这样一个大的少数民族的环境氛围之下，传统文化可以相互借鉴与发展。以这些节日传统特色文化为载体，南西桥公司在五月初五端午节、六月二十四火把节、国庆节等节日举办了多场活动，吸引了几千名游客前来参观，带来了巨大的经济效益。

南西桥公司之所以能够在石桥村乡村特色文化传承保护和开发中发挥巨大作用，与石桥村发达的自治文化和健全的村规民约是分不开的。

《石桥村村规民约》中多处服务于产业发展的规定为南西桥公司的发展提供了重要保障。例如，第七章第一条规定，享受村内入股分红人员须在分户时经户主同意，报村民小组登记，且须承担村内义务劳动、参与红白事务帮忙满一年，否则不予承认；第七章第四条规定，村民集体资产股权可以继承沿袭，但继承人须是非农业户口，原户口在本村，有房产不享受国家财政工资、事业单位工资的，方可继承，户口在本村的农业户口且在事业单位上班领工资的人不得继承；而第九章第二十条则规定，对于经80%村民同意通过的集体经济发展方案，“任何人不得以种种原因阻碍村集体发展，否则视为严重违反村规民约并按村规民约严肃处理”。成文的形式将村民的集体认同具象化，为石桥村以南西桥公司为依托发展集体经济提供了重要支撑。①

在全国各地大大小小的乡村，村规民约中包含振兴集体经济、推进乡风建设的内容并不鲜见，如甘肃临夏达沙村的村规民约就发挥了促进回汉两族民族团结、维护宗教和睦的积极作用。② 但正如行政学创始人威尔逊所说，“与制定一部宪法相比较，贯彻一部宪法变得愈来愈困难了”。石桥村村规民约的创新之处在于，倡议性、口号性的“软约束”（如第六章）篇幅相对较少，而是将股权激励（集体经济分红）与互助养老、赡养老人、义务帮忙等挂钩，有效避免了村规民约成为毫无约束力的一纸空文。例如，《石桥村村规民约》第七章第一条规定，必须参与村内红白事务帮忙满一年方可落户分红；第七章第五条规定，“本村年老多病的老人，若

① 陈寒非，高其才．乡规民约在乡村治理中的积极作用实证研究［J］．清华法学，2018，12（1）：62－88.

② 马敬．村规民约在西北民族地区社会治理中的积极作用［J］．学术交流，2017（5）：126－130.

儿女户口不在本村不能参加义务帮忙的，经过村民户主大会举手表决通过后，老人在世一天，本户就可以参加 80%的分红”；第七章第六条规定，自愿把户口迁回村内赡养老人的子辈或孙辈，可以直接参与分红；第九章第二十一条则规定，“如以后村上有分红（如村上所有资产、土地流转等费用）按参加义务帮忙门牌号分红 80%，剩余 20%按全村符合分配的人口进行分红”。

2014 年 10 月 23 日，中国共产党第十八届中央委员会第四次全体会议通过了《中共中央关于全面推进依法治国若干重大问题的决定》，明确提出“增强全民法治观念，推进法治社会建设”的目标，强调“推进多层次多领域依法治理”，要求“发挥市民公约、乡规民约、行业规章、团体章程等社会规范在社会治理中的积极作用”。总的来说，《石桥村村规民约》作为石桥村自治文化的集中体现，内容科学，执行有效，起到了保障基层民主、管理公共事务、发展集体经济、保护环境卫生、弘扬文明乡风、解决民间纠纷等功能，是包含南西桥公司在内的石桥村集体经济作用机制的核心与主线。

第五节　乡村特色文化传承保护机制的石桥经验与挑战

一、经验总结

“文化”一词最先出现于《周易》：“关乎天文，以察时变，关乎人文，以化成天下。”文化不仅包含物质性的一面，如建筑、器物、书籍，也包含非物质性的一面，如礼仪规则、风俗习惯。更重要的是，文化在本质上是一种生活方式，容纳了社会成员的整体性的生活，包括物质存在、观念形态和行为方式等诸多方面。[①] 纵观世界各国尤其是亚洲国家的发展历程，在工业化和城市化进行到一定阶段以后，其乡村发展都不约而同转向以传承保护传统文化为主轴的乡村振兴运动，譬如日本的“造村运动”、

① 赵旭东，孙笑非．中国乡村文化的再生产：基于一种文化转型观念的再思考［J］．南京农业大学学报（社会科学版），2017，17（1）：119－127，148.

韩国的“新村运动”，无不反映出经济发展以后，本国传统文化对于发展文化经济和塑造社区认同乃至国民精神的巨大作用。[①]

在石桥村，市场化和商业化的方式是传承和保护特色文化并创造经济效益的重要路径之一。以特色传统文化为核心，以石桥历史文化为底色，以党建文化为引领，以南西桥公司为依托是石桥村独特的乡村特色文化传承保护机制。依托九峰山这个文化抓手以及南西桥公司的市场化、商业化的经营优势，石桥村文化振兴的发展势头仍然十分可期。

总的来说，未来石桥村在进行传统特色文化保护和传承的时候，最关键的任务是培育村民的文化自觉，依靠市场和村集体自身的力量而非政府来保持项目的可持续性。只有生活在一定文化历史圈子的人对其文化有自知之明，并对其发展历程和未来有充分的认识，村落乡民们才能摆脱“文化支配”或“文化规训”，真正认识到文化为人而设，调动起参与性和主体性，从而更好地进行文化创新和文化再生产，实现布迪厄所说的文化的“超越自我、生产自我、更新自我、创造自我”，使乡村特色传统文化的保护与传承具有源源不断的生机与活力。[②]

二、面临挑战

（一）乡土文化流失严重

乡土文化是客观历史条件下形成的文化形态，承载着乡村传统生产、生活方式，既担负着对中华传统文化的继承与传播，又维系着乡村、宗族，社会经济与文化道德等诸多方面的发展。它具有鲜明地域特色，能够充分反映某一地区百姓的日常生产活动方式以及生活习惯。[③] 石桥村的乡土文化以“山清水秀灵鸟寺，十八天井九峰山”为核心，自然风光优美，人文底蕴深厚，具有很强的开发价值。始建于 1616 年，曾盛极一时，名

① 吴理财，解胜利．文化治理视角下的乡村文化振兴：价值耦合与体系建构［J］．华中农业大学学报（社会科学版），2019（1）：16－23，162－163.

② 赵旭东．费孝通对于中国农民生活的认识与文化自觉［J］．社会科学，2008（4）：54－60，187.

③ 刘春兰．新农村建设中乡土文化的价值开发与制度引导［J］．理论界，2008（11）：2.

震西南，有“西南第一古刹”之称的佛教圣地九峰山西华禅寺坐落于石桥村辖区内，使得石桥村具有得天独厚的历史文化底蕴。据史料记载，当年的护国西华禅寺比现在的昆明筇竹寺还大，当时住持大师灵药惠宗禅师精于医术，善为丹药，妙手回春，救人无数，在弘法之余，广施丹药，拨济众苦。百姓尊称灵药惠宗禅师为“药王菩萨”，尊奉九峰山为“药王如来应化道场”。其声名远播，薪火相传之盛况，绵延不绝。后因历史原因，西华禅寺被拆毁殆尽。虽经崇化大师恢复重建，但由于石桥村很早完成脱贫任务，村庄经济基础较好，现代化发展程度较高，乡土文化的破坏和流失还是比较严重，致使石桥村在特色文化传承和保护方面的抓手比较少，基础比较薄弱。此外，石桥村现有农耕文化展览馆，但属于公益展示，暂未实现经济价值。

习近平总书记曾说：“乡村文明是中华民族文明史的主体，村庄是这种文明的载体。”[①] 然而，正如李小云教授所提出的，三农问题历经改革开放至二十世纪八九十年代的“农业问题”时代，再到二十世纪九十年代及二十一世纪的“农民问题”时代，近几年已经进入了乡村衰落的“乡村问题”时代。随着大批农村青年劳动力进城务工，优秀乡土文化的传承越来越缺乏人才支撑。[②] 对石桥村来说，由于靠近富民县城和昆明市区，进城务工一个月工资 5 000 元左右，远远超出务农收入，大批村民外出。因此，乡土文化传承出现断层，文化创新和开发也缺乏引领主体，南西桥公司不得不高薪从外面聘请管理人员。村民参与保护和开发乡土文化的积极性低，使得产业留村没有真正达到带农富农的效果。长此以往，这种“政府在建，农民在看”的乡村建设也可能难以为继。

（二）少数民族文化传承保护不具优势

云南是中国少数民族最多的省份。截至 2020 年，云南共有 247 个中国少数民族特色村寨，351 个云南省少数民族特色村寨，708 个中国传统

① 张孝德．中国乡村文明研究报告：生态文明时代中国乡村文明的复兴与使命［J］．经济研究参考，2013（22）：24.

② 李庆华，张博．全面推进乡村振兴视阈下优秀乡土文化的传承与创新［J］．学习与探索，2021（9）：6.

村落，除此之外还有大量的民族村寨。[①] 同时，以口头传承为主要特征的非物质文化遗产，在云南 26 个世居民族尤其是无文字民族中尤为丰富。截至 2021 年，云南全省有国家级、省级、州（市）级和县（市、区）级 4 级“非遗”保护项目 7 694 项，其中，国家级 127 项、122 个保护责任单位，省级 450 项、610 个保护责任单位，州（市）级 2 136 项，县（市、区）级 4 981 项。[②]

然而，在石桥村 69 户 271 人中，仅有 2 人为少数民族（彝族），且均是外地嫁入本村的人。因此，石桥村在少数民族的文化传承与保护方面并不具有优势，只能通过“文化嫁接”等方式与相关、相近、相亲的异乡异域优秀特色文化有机嫁接，丰富本土文化内涵，完善本土文化样式，利用好云南省多元民族文化特色的优势。[③]

（三）传统民居传承与保护缺乏依托

“农业强，农村美，农民富”是农业农村现代化的必然要求。为实现“农村美”，石桥村积极在 2013 年和 2014 年分别参与“幸福乡村”和“美丽乡村”建设，村子里家家户户都住上了砖房，人居环境得到很大改善。然而另一方面，拆除村里的老房子也在一定程度上导致了“千村一面”[④]，抹杀了地方民居的特色，甚至可能成为一种“建设性破坏”。未来，南西桥公司民宿在设计和开发过程中应充分保留乡土文化的发展根基，保持乡村历史沿革、乡村文化和地域特色，为村民留住对家园的认同。

① 于良楠，李炎．乡村振兴战略背景下云南民族文化传承创新研究与思考［J］．民族艺术研究，2021，34（5）：8.

② 数据来源：云南省文化和旅游厅。

③ 杨良山，柯福艳，徐知渊，等．振兴我国乡村文化的几点思考［J］．农业经济，2021（7）：51－52.

④ 曹恺宁，杨东．新农村建设应体现地域特色：西安新农村建设的新探索［J］．西北大学学报（自然科学版），2011，41（2）：314－318.

第十章 "两山"转化：乡村生态资源价值实现

第一节　引　　言

全面推进乡村振兴，是党的二十大做出的重大决策部署，是决胜全面建成小康社会、全面建设社会主义现代化国家的重大历史任务，是新时代"三农"工作的总抓手。扎实推动乡村生态振兴，为巩固拓展脱贫攻坚成果同乡村振兴有效衔接提出了新的实践方向，是将绿色、共享的新发展理念融入乡村振兴实践的重要举措。

建立健全生态资源价值实现机制，是贯彻习近平生态文明思想的重要举措，是践行绿水青山就是金山银山理念的关键路径。实施乡村振兴战略，需要从深化农业供给侧结构性改革出发，统筹山水林田湖草系统，加强农村人居环境整治，推动农村发展全面绿色转型，实现生态宜居与产业兴旺的有机结合，构建人与自然和谐共生的乡村发展新格局，走出一条生态优先、绿色发展的新路子。当前，我国各地乡村生态资源价值实现的实践仍存在资源利用效率不高、产权所属模糊、价值转化效果不明显等普遍性不足。面对乡村社会市场化深入发展的挑战，有效整合乡村闲置自然资源，主动挖掘地方特色，明确开发价值定位，探索建立高效率、低成本、可持续的生态资源价值转化的平台和机制，是实现乡村生态资源开发外部效益内部化、促进乡村生态振兴的根本之举。

在乡村生态资源价值实现的过程中，要坚持遵循市场规律，推动形成乡村资源全域化整合、多元化增值的发展路径，促进生态资源资本化，加快地方特色产品的挖掘和开发工作，增强产品的时代感和使命感，尝试将本地区具有民族、地方和历史特色的产品与现代元素进行融合，借助媒体宣传创造新的消费热点，增加乡村生态产品和服务的有效供给。在实践中，应充分发挥“一会四议两公开”等基层自治协商机制，以“政府号召、党建引领、公司运作、群众参与”合作模式为指引，着力激发龙头公司的市场化运营优势，协同村集体、个体农户共同发展，以产销专业合作社、农业生产社会化服务主体等为组织基础加强产业融合发展，构建涵盖政府、集体、公司、村民多元主体在内的“产业共同体”，不断建立健全生态资源价值转化体制机制，创新生态资源价值实现形式，探索生态资源多元化高效益发展路径，促进价值显化和价值增值，实现生态友好的乡村振兴，建设产业兴旺、农民生活富裕的生态文明。

在此基础上，昆明市—中国农业大学都市驱动型乡村振兴创新实验区建设围绕“乡村生态资源价值实现”开展机制探索，顺应城乡居民消费拓展融合升级的趋势，盘活乡村闲置耕地、森林、草原、湿地等生态资源，在提高综合开发效率的基础上，深入挖掘闲置资源在生态涵养、休闲观光、文化体验、健康养老等多方面的服务功能和产业价值，探索“政府主导、村民主体、社会参与、市场运作”的生态产品价值实现路径，是促进农民增收的有效措施，是加快形成乡村建设“昆明路径”的必然要求，更是都市驱动型乡村振兴实验的题中之义，昆明市的实验成果将具备充分的示范效果和推广价值。

第二节　乡村生态资源价值实现的研究进展与政策安排

丰富乡村生态资源价值转化思路，夯实价值转化的思想和物质基础，是推动生态资源资本化、贯彻绿水青山就是金山银山理念的必由之路。当前，政策和学界在总结各地实践经验的基础上，对如何促进生态资源价值实现有了一定的研究进展和政策安排。《乡村振兴战略规划（2018—2022

年)》和《农村人居环境整治提升五年行动方案（2021—2025 年)》等政策方案中明确指出，要持续贯彻落实生态宜居、治理有效等对农村工作的总体要求，充分发挥农村生态资源优势，将“小产品”同“大市场”结合起来，实现生态资源、生态产品的价值转化。

一、学术视角下的研究进展

实现生态资源价值实现和转化，需要对符合条件的生态资源的概念有准确的理解。陈清等以“生态产品”一词将生态资源商品化，认为生态资源不仅具备一般商品的特征，还应重点考虑其在生产到消费过程中的外部性。① 周小梅等从更具体的视角出发，认为乡村旅游是综合利用生态资源的典型模式，乡村的自然资源和文化资源均具备开发转化价值②，强调生态价值转化的效率和经济成果。与上述观点不同，孙志认为要从保护生态系统整体的视角出发，在注重资源转化效率的同时，保护生态系统的总体性价值，兼顾社会性③，这一观点与詹琉璐等认为自然资源过度开发会对生态环境造成不可逆的无序破坏的观点基本一致。④ 总的来说，当前学界对生态资源价值实现的认识虽各有侧重，但基本能够概括为“在生态效益和社会价值兼顾的基础上，挖掘生态资源的经济属性”这一理解，体现了对新时代生态文明社会的价值遵循。

基于对生态资源价值转化的理解判断，学者们对实现生态资源价值的机制和路径方法做了深入的探究。有学者从创新生态资源价值实现的形式出发，认为应通过“加杠杆”的手段激活过去农村长期一产化沉淀的自然资源，实现生态资源价值显化和价值增值，为此要完善生态资源价值实现的“社会资本—经营主体—村集体”三级市场的制度设计⑤；有学者从完善生态资源价值实现的生态补偿机制角度进行论证，认为建立“资源禀赋

---

① 陈清，张文明．生态产品价值实现路径与对策研究［J]．宏观经济研究，2020，(12)：133－141.

② 周小梅，黄鑫．乡村生态旅游资源价值实现路径：政府和社会资本合作（PPP）模式的制度创新［J]．价格理论与实践，2021，(9)：23－27，39.

③ 孙志．生态价值的实现路径与机制构建［J]．中国科学院院刊，2017，32（1)：78－84.

④ 詹琉璐，杨建州．生态产品价值及实现路径的经济学思考［J]．经济问题，2022，(7)：19－26.

⑤ 温铁军，罗士轩，董筱丹，等．乡村振兴背景下生态资源价值实现形式的创新［J]．中国软科学，2018，(12)：1－7.

合理组合、资源功能相互配套、资源调动协调一致”的生态资源价值补偿机制可以在一定程度上解决生态资源消耗的外部性问题，实现社会经济与生态环境的协调发展①；基于对生态资源属于公共池塘资源的价值判断，另有学者从集体行动的逻辑出发，认为应当充分激发地方性知识和农户群体的内生积极性，构建共同治理、利益共享的资源开发“共同体”，能够有效地唤醒乡村沉睡的资源，将外部效益内部化，同步提升经济效益和空间正义②；有学者还按照地理区域划分，探讨了生态资源价值实现促进共同富裕的实践理路，认为对于欠发达地区来讲，要根据市场需求结构的变化做好生态资源的产权明晰工作③，优化生态资源资产管理制度，营造有利于生态产品价值实现的市场环境④，加强有关农村“三产”融合和农业生态补偿机制的教育和宣传⑤等。

学者通过总结各地实践经验，以案例研究的形式为上述观点提供了事实依据。有学者认为，生态资源的价值具体要通过社会价值和经济价值两方面来实现，要遵循生态资源“自我实现”的逻辑⑥，在经济价值实现过程中以“兼济天下”的原则，通过产业规模化协作⑦、媒体宣传⑧等形式不断扩大资源的生态和社会影响力。⑨ 从现有实践基础来讲，全国众多地区均在生态资源价值实现的方式和路径方面做出了尝试。由于实践地资源禀赋和基础条件不同，各地实践的侧重方向也略有差别，但共同的做法都

① 侯凤，生态资源价值补偿机制研究［D］．西安：西北大学，2008.

② 贾晋，刘嘉琪．唤醒沉睡资源：乡村生态资源价值实现机制：基于川西林盘跨案例研究［J］．农业经济问题，2022，(11)：131-144.

③ 熊德斌，张萌．生态资源经济价值的实现机制研究：基于贵州茶产业历史变迁考察［J］．林业经济，2020，42（1）：51-58.

④ 张文明，完善生态产品价值实现机制：基于福建森林生态银行的调研［J］．宏观经济管理，2020（3）：73-79.

⑤ 易小燕，黄显雷，尹昌斌，等．福建省农业资源价值测算及生态价值实现路径分析［J］．中国工程科学，2019，21（5）：137-143.

⑥ 袁广达，王琪．“生态资源—生态资产—生态资本”的演化动因与路径［J］．财会月刊，2021（17）：25-32.

⑦ 魏丽莉．“绿水青山就是金山银山”的实现机制与制度创新：以青岛藏马山文旅田园综合体实践探索为例［J］．中共青岛市委党校．青岛行政学院学报，2020（6）：51-56.

⑧ 李焕培．共享经济模式下矿产资源价值评估与实现研究［D］．北京：中国地质大学，2017.

⑨ 姚璐，基于绿色发展战略的生态资源价值实现研究［D］．西安：西安工业大学，2016.

是先通过自然环境修缮、人居环境整治等手段改善当地生态资源和环境的基础水平，再以改善后的环境条件为前提，深入挖掘当地水环境、土地资源、生态产品等的价值实现路径、方法、体制机制。①

值得注意的是，部分地区的生态资源价值转化实践也产生了负外部性。如在江苏省江阴市推进“三进三退”工程保护长江生态促进价值实现的案例中，在促进沿河城市开发，恢复“江南水乡古城韵味”的过程中对水体的污染②；北京市史家营曹家坊废弃矿山再利用对生态的破坏③；邹城市采煤塌陷地区环境整治引发的次生灾害对土地恢复的挑战④；等。上述过程均存在实施上的成本风险和对环境评估的压力。此外，过度具体的治理手段和措施也不具备推广价值。⑤ 总的来讲，目前学术界对于生态资源价值实现机制的研究主要基于两个视角：一是对有关的理论或概念的阐释，探讨实现生态资源价值转化的公益性和正义性，代表性的理论如“生态资源价值补偿”“资源资本化”“资源开发共同体”等；二是基于实地案例的机制创新，学者们从实践地的具体经验入手，对各地实现生态资源价值转化的手段和渠道、实现“小产品”与“大市场”的衔接举措做经验总结，形成机制模式，为新的实践提供指导。

二、实践视角下的政策安排

各地从自身生态资源基础、产业发展条件等实际情况出发，在生态资源的价值实现方面做了大量尝试。江苏省苏州市金庭镇通过开展山水林田湖草系统治理，针对生态产品的价值实现过程探索建立生态补偿机制，构建了“生态农文旅”的产业融合发展模式；福建省南平市光泽县通过摸清

---

① 严立冬，谭波，刘加林．生态资本化：生态资源的价值实现［J］．中南财经政法大学学报，2009（2）：3－8，142．

② 程勇，张晓琳．基于“问题—风险”认知体系的县域国土空间生态保护修复格局构建与对策研究：以江苏省江阴市为例［J/OL］．生态与农村环境学报：1－20．

③ 闫驰，焦润成，曹颖，等．无人机倾斜摄影在泥石流灾害识别分析中的应用：以北京房山区史家营曹家坊泥石流为例［J］．国土资源遥感，2020，32（4）：251－257．

④ 许开营，吕芹．让损毁的土地重生：山东省邹城市加强采煤塌陷地复垦的经验［J］．国土资源通讯，2008，142（22）：39－40．

⑤ 贾晋，刘嘉琪，廖茂林．乡村生态资源价值核算体系设计与应用：以川西林盘为例［J］．统计与决策，2022，38（15）：33－38．

农户资源家底，绘制“水生态产品”的基础地图，通过涵养优质水源、提高水生态产品供给稳定性、搭建在线运营平台、优化水资源要素配置等手段打造了“水美经济”的经典案例，不仅促进了当地生态资源的资本化、市场化，还增强了当地“中国生态食品名城”生态品牌的影响力，促进了当地生态产业的发展；河南省淅川县同样通过开展山水林田湖草系统治理和监管夯实了生态产品的产业基础，并深入推进“生态立县”战略，着力构建融生态农业、绿色工业、生态旅游等为一体的促进生态产品价值实现的产业体系，优化了淅川县的水源质量，促进了精品农业和乡村旅游业的价值显化；北京市房山区史家营乡对曹家坊的废弃矿山进行了生态修复，通过明晰产权激发市场主体修复生态和发展产业的内生动力，采取“地形地貌整治＋植被恢复”的模式，科学开展矿区生态修复，逐渐增加了矿区森林资源产品的数量，推进了绿色产品、红色资源与生态保护的融合，畅通了生态产品价值实现的渠道。

为更好地指导实践，党中央、国务院高度重视各地生态资源价值转化的现状，针对性地制定了一系列政策。需要注意的是，目前各级、各省政府出台的与“生态资源价值实现”相关的政策文件数量较多，对“自然资源”定义的描述比较丰富，包括人居环境、人文氛围、自然风光、矿产、土地资源等多个方面，对生态资源“价值实现”的表述方式更加多样化，除“价值实现”外，还有“价值发挥”“价值转化”“自然资源利用”“利用生态资源创造经济价值”等表述。

在2007年的中央1号文件发布后，“农业多功能性”一词被提上日程。“农业多功能性”指的是要综合利用农业的经济、生态、社会和文化功能，发挥土地、林木、水等自然资源的多重效用，通过资源的协调组合与技术的统筹利用创造新的经济增长点。在生态文明转型的大背景下，如何协调环境保护与资源开发的关系，发挥农业综合功能，以乡村闲置生态资源作为撬动农村经济的杠杆，保障农村就业和民生，是政策制定持续关注的重点。在“北大法宝”“国务院政策文件库”等平台以“生态资源价值实现”和“生态产品价值实现”为限定词进行搜索，共检索出4篇中央级政策文本和5篇地方性规范文件，在4篇中央级政策文本中，3篇为自然资源部办公厅印发的《生态产品价值实现典型案例》，展现了不同批次中央对生态资源价值实现的关注重点变化，发布时间基本紧靠脱贫攻坚冲刺阶段，时间分别为 2020 年 4 月、2020 年 10 月和 2021 年 12 月，是推进生态扶贫和乡村生态振兴的经验佐证；另外 1 篇中央政策是 2021 年 5 月发布的《财政部办公厅关于进一步做好国家级田园综合体建设试点工作的通知》，文件中指出，要充分满足农业产品供给、生态功能等有关要求，探索建立政府引导、市场主体积极参与、可持续的农业农村生态资源价值实现机制，加快培育农村经济高质量发展新动力。

生态资源价值实现的水平与当地财政基础和产业链的完善水平息息相关，相对来讲，发达地区或省份机制建设进度较快。5 篇地方规范性文件包括江苏省在 2020 年 11 月发布的《关于转发〈生态产品价值实现典型案例〉（第二批）的通知》、江苏省政府办公厅《关于印发国家城乡融合发展试验区（江苏宁锡常接合片区）实施方案的通知》、中共韶关市委《关于制定韶关市国民经济和社会发展第十四个五年规划和二〇三五年远景目标的建议》、重庆市人民政府《关于印发重庆市推进农业农村现代化“十四五”规划（2021—2025 年）的通知》和山东省委、省政府《关于印发山东省乡村振兴战略规划（2018—2022 年）》。这 5 篇地方规范性文件均来自东部发达省份或直辖市，经济基础较强，也从不同角度对“生态资源价值实现”做了相关表述和实践探讨。由此可见，各地方政府在生态资源的价值转化方面已经做了努力尝试。

除 5 篇直接相关的文本外，在其他的地方性规范中，海南省政府、成都市政府、上海市政府、四平市政府、原黑龙江省旅游发展委员会、中共北京市委农村工作委员会等各级政府或非政府组织从如何综合利用、实现、转化等不同层面对如何实现生态资源价值进行了本土化解释，不同职能部门对如何实现生态资源价值做出了相应的工作指导。江苏省政府办公厅在《关于印发国家城乡融合发展试验区（江苏宁锡常接合片区）实施方案的通知》中指出，要建设“生态人文资源优越”的试验区，要充分运用特色农业竞争力，协同发展生态旅游、电子商务等服务业；原黑龙江省旅游发展委员会提出要打造包含生态文明建设、旅游扶贫、新型城镇化、全域旅游等与国家众多部署相结合的生态旅游跨越发展模式，释放林业生态资源红利；江苏省自然资源厅办公室在《关于 2021 年度节地模式（技术）先进典型案例的通报》中提出，要推动土地资源利用方式的根本转变，进一步提升自然资源开发利用效率和效益，更好地推动自然资源高质量服务保障经济社会发展等。

第三节　实验前石桥村面临的生态资源价值实现困境

促进乡村生态资源价值实现的目的是提升闲置生态资源的利用效率，通过产业化开发、商业化运营的形式活化生态资源的经济价值，以此来增加村民和集体的经济收入。值得注意的是，乡村的生态资源属于典型的公共池塘资源，在产业化开发过程中，通常会涉及多元主体利益取向的平衡难题。为此，中国农业大学团队对石桥村参与实验的不同主体进行了访谈，调研结果显示，在实验开始前，石桥村在乡村生态资源价值实现的工作实践方面存在“资源大量闲置，开发效率有限”、“认知水平较低，内生动力不足”和“外部支撑缺乏，产业持续性差”几点不足。

一、资源大量闲置，开发效率有限

石桥村拥有大量能够转化为经济效益的生态资源，但转化为经济价值的效率非常有限，仍有相当一部分质量条件良好的生态资源处于闲置状态。从实地调研结果来看，南西桥公司在流转石桥村部分村民总计120亩的土地后，仅有50余亩盖起了草莓种植大棚，由于草莓种植对于气候、水热条件的严格要求，以及规模化连片经营对农产品高质量标准的门槛，剩余70亩未修建大棚的流转土地基本处于闲置状态，造成了村集体土地租金的浪费；石桥村西南角有一座相对海拔约150米的土丘，名为“宝鼎山”，石桥村在《富民县永定街道石桥田园小镇旅游发展规划》中将宝鼎山统一划归为与台地农田景观、溜索、星空酒店为一体，占地面积约700平方米的宝鼎广场，但从实地建设情况来看，宝鼎山顶仅搭建了包括石门、元宝装饰、山顶地面八卦绘图在内的最基本的旅游基础设施，其登高望远、空气清新的特色优势难以吸引游客驻足，经济价值转化效果有限；南西桥公司负责的“生态小游园”也依然处于连年投入的建设状态，游园内部种植的种类丰富的花卉需要公司每日派人管护，小游园内公共座椅、林间步道等配套设施同样不齐全，距离能够整体投入运营仍有一段时间；除此之外，南西桥公司大量通过不同金额流转的土地，如篝火广场旁的荷花池塘、大地田园景观、七彩稻田、跑马场等功能区的开发程度都与规划安排存在差距：石桥村原先的跑马场已经被闲置，目前仅作为临时停车场和村内中老年人的日常休闲健身场所，荷花池塘也已干涸，石桥村产业规划中所期待出现的良好资源利用效果仍有待实现。

二、认知水平较低，内生动力不足

首先，村民对于乡村生态资源价值实现机制内涵的认知较弱。村民作为村庄发展的主体，对“生态资源价值实现”这一实验内容的认知存在偏差。课题组通过无结构访谈的形式询问了十余户村民对于这一概念的理解，得到的回复大致都是“不清楚”、“没听说过”和“不了解”等，而当课题组将问题描述改成“您觉得咱们村通过水、土地、树木挣钱了吗？您通过这些东西挣钱了吗?”等口语化表达时，受访村民则表示自己略知一二。这种对“乡村生态资源价值实现机制”的认知的偏差现象，从侧面证明了村集体在有关这一机制的活动安排和政策执行方面的宣传工作有所不足，滋生了村干部与村民之间的信息差，暂未形成对这一机制的一致认知。

其次，村民对于投身奉献乡村经济的内生动力较弱。作为都市驱动型乡村振兴创新实验村的典型，石桥村优越的交通和就业条件使石桥村的适龄劳动力形成了“外出务工为主，村内发展为辅”的就业模式，导致石桥村村民的日常生活基本依赖外出务工的工资性收入，少数由南西桥公司招聘，负责为南西桥公司服务的本村就业人员也难以理解抽象的“生态资源价值实现”机制。

最后，南西桥公司的突出表现对“两委”班子的工作责任产生了替代效应。南西桥公司的部分产业项目虽然资源利用率有限，但遵循竞争机制的市场化公司仍在资源转化的效率上占有优势。南西桥公司虽由集体成员创办，但作为拥有独立法人地位的市场主体，其经营决策需要基于成本和效率进行考虑，在兼顾村民集体利益的基础上，南西桥公司在经营决策上具备一定的自主权，使其能够主导相比村集体数量更多、规模更大的生态资源开发经营项目，限制了村集体角色职能的发挥。

三、外部支撑缺乏，产业持续性差

石桥村生态资源价值的有效实现不仅依靠内生动力的发挥，也需要一定的外部条件作为支撑。通过调研所知，目前在石桥村落地的项目资金较为有限，除昆明都市驱动型乡村振兴创新实验区项目整合资金的 500 万元和“富民县投入专项资金”的 490 万元外，石桥村通过与邮政储蓄银行开展“整村授信”贷款、向中国建设银行申请土地承包经营权抵押贷款和疫情复工复贷、向富民县政府申请“人居环境”整治专项资金、旅游厕所专项资金、群众体育专项资金、水利设施建设专项资金等，总计仅筹集了约 1 700 万元建设资金，且均为一次性支付。由此可以看出两个问题：一是石桥村项目的投资建设缺乏持续的资金供给，引致了南西桥公司对持续开发可行性的担忧；二是石桥村在能够促进乡村生态资源价值实现的经营项目上缺乏专项资金，如草莓、李子采摘园、温泉酒店等，基本均由南西桥公司自负盈亏，缺乏专项化的资金支持。总体上讲，石桥村生态资源价值实现所依赖的外部支撑略有不足。

综上，实验之前的石桥村，在生态资源价值转化的实践方面存在明显的问题，迫切需要采取措施探索出一个具备地方特色、实际操作性强的体制机制方案，在提升石桥村乡村生态资源转化利用效率、提高石桥村村民和“两委”班子对生态价值实现的重要性认知、增强村民内生动力、从多渠道丰富石桥村生态资源价值实现的外部支撑，等方面作出贡献。

第四节　乡村生态资源价值实现的石桥实践

“绿水青山就是金山银山”理念是生态资源价值实现最好的政策诠释。将绿水青山变成金山银山，让乡村“原生态”直面现代化“大市场”，是激活农业多种功能、盘活乡村生态资源创造经济价值的重要方式。目前石桥村基础设施条件完善，交通方式多元便利，现代化的互联网和物流技术打破了石桥村原生态与昆明都市现代大市场之间的隔阂，是拓展乡村生态产品经济价值的良好条件和重大机遇。石桥村在乡村生态资源价值实现机制的探索中，面对资源利用效率低、内生动力不足等现实问题，借助昆明都市驱动型乡村振兴创新实验区的发展机遇，通过“一会四议两公开”的基层民主协商模式，探索出包含加强人居环境整治、促进一三产业融合、充分发挥地热资源打造品牌效应、发挥物业经济增收效果、制定生态资源利用规范等内容在内的生态资源价值实现机制与实践路径，在美化村容村貌，提升村民生态保护意识和价值实现意识的同时，为村民增收、乡村富裕提供新的路径参考。

一、以机制建设强化人居环境治理效果

改善农村人居环境，是党中央从战略和全局高度作出的重大决策部署，是实施乡村振兴战略的重点任务，事关广大农民根本福祉，事关广大农民群众健康，事关美丽中国建设。石桥实验村以农村人居环境整治为抓手，开展了村内环境整治提升、村庄沿线绿化美化和村容村貌提升工作。

首先，建立村干部带头清扫卫生的工作领导机制。每月月底的月末大扫除是石桥村党员带头、发动村民参与农村环境卫生整治的工作中最突出的一项举措。《石桥村月末大扫除工作安排》中规定，“在每月最后一天晚上 7 点，各组负责将沟渠、老坎上下、树丛中的垃圾清除干净”，同时在村规民约中也对不参与月末大扫除的行为进行了处罚规定：“两次以上未参加者罚款 50 元/次，对于长期不参与村内义务劳动者则由村民大会决定其是否继续参与分红。”清扫队伍成员实行全村包干到户，每组由一人负责，每组成员大致在 15 人左右，分别负责不同清扫区域，职责分明（表 10－1）。此外，村内还会不定期地举行植树造林活动。植树活动对树苗的来源不做限制，部分村民直接前往市场购买树苗，也有的村民前往老山林中移植树木，村民们两人一组、成群结队，干劲十足。

表 10-1　石桥村月末大扫除工作安排

负责人	负责区域	包干到户
徐建坤	刘寒家路口—王建忠家、小游园、篮球场	苏发玉、苏智萍、苏香瑗、苏志喜、徐正才、金朝花、徐正兴、徐建伟、范云富、范云贵、海馨月、海英、徐建坤、陈翠英、徐建良、朱勋颖、王建忠、王加云
陈金龙	王建忠家—张龙平房后路口	伍翠兰、王加富、段玉芬、徐建松、徐建忠、徐有兴、徐建留、徐建云、徐瑞、徐田佶、郭志忠、郭燕明、郭燕辉、陈金龙
徐正云	老 108 线	徐正云、胡川晖、胡春庆、苏志禄、苏志福、李勇能、李建华、苏发云、苏发有、苏志仙、张龙平、张凤英、年庭和、陈金祥、朱自和
毛建辉	昆禄公路农贸市场	祝从德、毛建华、陈自琼、徐建昌、徐正明、毛建辉、徐正友、徐正良、徐正标、徐正海、毛云娥、唐代生、徐正高、寸美玉、朱桂芬

村民参加月末大扫除

其次，发动村民开展庭院绿化美化，创办“庭院经济”竞争机制。村民开展自家庭院绿化美化建设，即将农户居住的房前屋后的零星空地充分利用起来，选择既好看又实用的树种和花卉进行栽植，实现观赏、功能、经济效益的有机结合。石桥村为鼓励村民积极参与庭院绿化美化，制定了《石桥村关于开展“最美庭院”评比活动的实施方案》（以下简称《方案》），对按照《方案》要求、设计精巧、变废为宝、特色鲜明的院落美化进行评选，并给予 100～1 000 元的现金奖励。除庭院的美化外，《方案》

还将农户家庭厕所和厨房的卫生状况纳入评选标准（表 10－2）。

表 10－2　石桥村村民庭院绿化美化评比指标

序号	评分内容	分值	评分细则
1	庭院	40 分	根据庭院绿化美化是否做到因地制宜，栽花植绿，见缝插绿，选择一些既美观又具有经济价值的花草树木，精心设计，构思巧妙，变废为宝，特色鲜明，无杂草落花落叶，形成层次丰富、错落有致，与院落外和周边景致和谐一致的绿化格局的标准进行评分
2	厕所	30 分	根据家中是否安装冲水厕所，厕所内有无异味和污水溢流现象的发生的标准进行评分
3	厨房	30 分	根据厨房内灶台灶具的清洁和整洁的标准来进行评分

庭院绿化美化

最后，完善村庄公共场所的绿化美化，打造常态化的维护管控机制。这一部分的主要工作以对沟渠河道的日常清扫、沿线的绿化以及保护河道生态为目标。石桥村在村内的绿化美化中多用藤蔓植物，这是由于蔓生植物能够与村庄“直线条”的水泥墙外立面实现视觉上的融合，种类上则多以百香果、无花果、金银花、三角梅和炮仗花为主；村内公共环境种植的树种则多以当地乡土树种为主，实现了实用价值和观赏价值的统一。在 2020 年的花卉种植活动中，经过村民共同努力，70 多株三角梅、40 多株月季花、20 多株炮仗花整齐排列，迎风挺立。但考虑到花卉保养难度高、易丢失、家畜啄食等原因，后续补种和维护的压力较大，为缓解这一问题，石桥村集体出资雇用了 1 名专职管理花卉的保洁人员，以公益性岗位的形式帮助村民实现就业、稳定就业，工资由永定街道办和村集体每月各出资 600 元，总计 1 200 元。此外，村集体还从劳务市场聘请了花卉种植工，工资 250 元/天，这笔钱同样由村集体支付。

房屋外立面改造

公共场所绿化美化

二、以统一主体增强产业区域带动

南西桥公司是石桥村内的拥有独立法人地位的龙头企业，其法定代表人徐建昌不仅是石桥村的村民，还是曾经的村干部。在 2015 年，借助县政府下拨的 490 万元专项资金，石桥村包括徐建昌在内的多位能人率先入股成立公司，逐渐带动 54 户村民加入，总计股本 510 万元，以 1 000 万元的基础资金成立了南西桥公司。目前，南西桥公司已发展成为涵盖餐饮住宿、休闲康养、文化娱乐的综合服务经济体，其中，农贸市场、草莓采摘园等是南西桥公司实现产业融合发展的典型代表。

首先，石桥村拥有产业融合发展的历史渊源，是公司带动村民开展多种经营模式形成的前提。虽然南西桥公司注册成立于 2015 年，但早在

2011 年，能人徐建昌刚当选为南营村村委会主任时，他就将自己在企业经营过程中积累的人脉、资金、经验等资源用在了石桥村村集体经济的发展上。据徐建昌口述，石桥村最早在 2009 年就开始着手建设村民活动中心，但囿于当时土地确权登记尚未完成、土地流转难度高、村集体缺乏建设用地、村干部思想较为落后等原因，项目的推进一直比较困难。虽然存在困难，徐建昌仍积极地做起了村干部和村民的思想工作，与他们算起了“经济账”。经过一番努力，石桥村在 2013 年成功申请了富民县“幸福石桥”项目的 200 万政策资金，在村内搭建起了行政村范围内第一个农贸市场，极大地加快了村民将优质农产品对接市场的步伐。

其次，草莓种植采摘基地的“公司+合作社”的运营模式起到了良好的示范作用，并得到了推广普及（案例 10 - 1）。九峰草莓合作社成立于 2014 年 7 月，基地种植面积 120 亩左右，种植的草莓品种有宁玉、红颜、章姬等，年销量约 33 吨，销售额 150 万元，如今已经形成集观光、采摘、休闲于一体的规模化产业发展模式。合作社由石桥村种养大户成立，向村内公开吸纳季节性劳动力，主要负责草莓种植基地的日常管理和维护等工作。在运营 1 年后，南西桥公司成立，由于南西桥公司和该合作社同属一个法人，则草莓种植采摘基地事实上归南西桥公司统一管理，营收盈亏由公司统一记账。从 2014 年起，便利的交通给草莓采摘带来了巨大的客源市场，每到周末和节假日，成百上千的游客前往石桥村草莓基地进行采摘，不仅保障了公司的经济收益，也提升了农户的劳动收入。

案例 10 - 1：

流转闲置土地，转化经济效益
——草莓种植采摘基地产生示范效果

草莓种植采摘基地的诞生并非一帆风顺。伴随 2014 年全国农村土地二轮承包和确权登记的持续进行，南营村村委会借此契机，积极召开村民大会，商讨村内闲置土地流转使用创造经济价值的问题。

村民们注意到，富民是远近闻名的水果之乡，基本上每个季节都会有质量上乘的水果供给，唯独冬季和初春是个空档期，如果能将这段时间的闲置土地利用起来，完全有机会在富民县水果规模经营的强烈竞争中开辟出新的市场。时任南营村村委会主任的徐建昌拥有丰富的商业经营经验、人脉和眼光，他一拍桌子讲到："我们种草莓，只种优质草莓，种好了之后让旅游的人们来采摘。"意见经过表决，草莓种植采摘基地的规划便由此徐徐展开，土地集中流转、土地规整、草莓育种采购、草莓大棚搭建等工作稳步推进。

起初徐建昌成立的九峰草莓合作社经营效益不错，但由于南西桥公司的建立，徐建昌便投入更多的精力到公司其他的项目中，为将"一碗水端平"，徐建昌索性将新流转来的土地按每亩地 1 800 元租金租用给村里的种养大户来具体负责。同时徐建昌为方便管理，将草莓种植采摘基地的经营收益情况收归公司统一管理，积极与公司其他项目形成合作，目前草莓采摘园一年的销售额可达到 150 万。

草莓基地的基本成功坚定了村委会委托南西桥公司发展李子采摘园的信心。据农户反映，李子园的建设在流转土地和执行经营决策时遭遇的阻力明显小于当初的草莓种植采摘基地遇到的，与之前的犹豫不决截然相反，大家纷纷主动报名流转土地，很快 100 亩土地就全部流转成功，流转农户每年还可以获得每亩 1 500 元的租金。据了解，今年 100 亩半边红李子的总产值将达到 24 万元，是村民种传统农作物收入的 4 倍。过几年，李树进入丰产期，产值可到 100 万元以上，效益更加可观。

在谈到草莓种植采摘基地的问题时，徐建昌提到：目前后备资金的持续供给是不可忽视的问题；120 亩草莓基地并未完全搭建起大棚，这是亟待解决的问题。

三、以市场导向挖掘温泉多元功能

南西桥公司的温泉酒店是石桥村温泉地热资源多元化开发、准确对接市场需求的经营主体（案例 10－2）。该酒店以南西桥公司为依托，于 2018 年 4 月 28 日正式营业，总计斥资 2 000 余万，酒店营业面积约 450 亩，酒店内部配套设施齐全，是集温泉、住宿、餐饮、养生、休闲、观光、度假、旅游、会务等多功能于一体的三星级度假型温泉酒店。

为更好地与市场对接，徐建昌经常带领管理团队前往业内精英温泉酒店进行参观学习，并结合富民本地特色，挖掘温泉产业的多元功能。该酒店装修考究，巧妙利用从村内地下勘探抽取的温泉地热资源打造高质量温泉周边服务。住宿环境除客房标间 10 间、单间 13 间外，还包括 3 幢内含泡池的独栋四合院别墅；温泉区域建有标准化游泳池、7 个户外温泉泡池、1 个儿童泡池、1 个儿童充气城堡、1 个儿童沙池、3 个儿童蹦蹦床等；娱乐配套设施包括茶室、棋牌室、KTV、火锅烧烤设备等（表 10-3）。南西桥公司温泉酒店住宿游乐设施完备，高峰时一天能达到约 7 万元的营业收入。温泉酒店是南西桥公司的核心经营业务，为充分发挥温泉酒店品牌特色，提高服务能力和质量，南西桥公司在 2021 年又招标勘探公司在村内进行温泉勘探，成功在 1 400 米左右深度勘探出了一处新的盐矿温泉，目前这处温泉的水质送检和环境评估正在进行中。

除此之外，南西桥公司依托温泉酒店，为石桥村户籍村民提供了总计约 50 个包括客房、餐饮、卫生保洁、安保等在内的长期固定性就业岗位，方便村民就地就业，切实提高石桥村村民就业水平，工资在 1 800～4 000元不等。在未来，南西桥公司温泉酒店将成为促进石桥村入股村民增收的中坚力量。

表 10-3　南西桥公司温泉酒店收费标准

<table>
<tr><th colspan="2">收费项目</th><th>周日—周四价格</th><th>周五、周六、法定节假日价格</th><th>周日—周四价格</th><th>周五、周六、法定节假日价格</th></tr>
<tr><td rowspan="2">房间</td><td>单间</td><td>198 元/间
（不含泡澡）</td><td>218 元/间
（不含泡澡）</td><td>218 元/间
（含泡澡）</td><td>238 元/间
（含泡澡）</td></tr>
<tr><td>标间</td><td>198 元/间
（不含泡澡）</td><td>218 元/间
（不含泡澡）</td><td>218 元/间
（含泡澡）</td><td>238 元/间
（含泡澡）</td></tr>
<tr><td colspan="2">四合院</td><td>1 688 元/幢</td><td>1 888 元/幢</td><td colspan="2">备注：可使用四合院配套温泉，也可使用南西桥公司的公共温泉</td></tr>
<tr><td rowspan="2">温泉、游泳</td><td>成人</td><td>38 元/位</td><td>48 元/位</td><td colspan="2" rowspan="2">备注：儿童身高 70 厘米以下免费，70 厘米至 1.2 米按儿童票购买，1.2 米以上购买成人票</td></tr>
<tr><td>儿童</td><td>28 元/位</td><td>38 元/位</td></tr>
<tr><td colspan="2">棋牌室</td><td colspan="4">38 元/小时，买断 128 元/间</td></tr>
</table>

案例 10-2：

开采地热资源，扩大服务规模
——温泉酒店开发的前世今生

在村里最初两个集体经济项目——农贸市场、草莓采摘园建设完成并投入运营之后，石桥村村委会成员经过商议，决定要乘胜追击，建设石桥村下一个集体经济。在一开始，计划投入 150 万、为草莓采摘园配套的“草莓接待中心”是最初选择，但村委经过商议，认为县里通过富民县产投公司进行入股的 490 万元专项资金是扩大石桥村集体产业规模的良好契机，随即成立的南西桥公司主要经营民宿、餐饮、采摘等项目。为与民宿、酒店和饮食进行搭配，为发挥资源特色形成“水域”旅游的规模效应，温泉酒店的灵感应运而生。

起初，由于地热资源勘探技术和资金持续供给的限制，在温泉酒店的建筑整体搭建起来之后的一段时间内，温泉产业的水源供给仅能依靠对山泉水的人工加热来实现。虽然这种人造仿真温泉在旅游旺季可达到每日 7 万元的营收，但南西桥公司和村委会一致认为这种人造仿真温泉并不能真正利用本地的地热资源，且人工加热水源的成本过高、温泉泡池数量有限等也是阻碍温泉酒店持续发展的障碍。

为解决此问题，2020 年，南西桥公司与村委会签订合作协议，通过市场招标的形式选择了一家温泉勘探公司，对村内的温泉地热资源进行勘探，但收效甚微；南西桥公司并未因此放弃，在 2021 年再次招标了一家专业勘探石油的公司进行第二次尝试，功夫不负有心人，这一勘探公司在离村委会不到 100 米的地方开采出了深度约 1 400 米的温泉。这一次，石桥村的温泉酒店终于有了充足的温泉来源，为其未来的持续发展和规模壮大奠定了基础。

在未来，南西桥公司温泉酒店将依托“昆明最美后花园”的优美自然景色、生态环境和丰富的土特产产业，挖掘温泉养生文化底蕴，形成以温泉康养为特色、辐射富民县甚至昆明市的宁静、和谐、美丽的心灵港湾和游览去处，让生活在城市中倍感紧张、嘈杂的人们真正回归大自然，在大自然中品味原生态山地温泉的乐趣。

四、以物业经济盘活闲置土地资源

村集体将农村闲置土地进行整合，通过流转承包的形式交予企业、种养大户等经营主体经营，收取物业经济的收益，丰富闲置土地资源变现的途径，是促进闲置土地经济效益发挥的有效手段。《农村土地经营权流转管理办法》规定，土地经营权流转应当因地制宜、循序渐进，流转规模要与当地农业科技进步和生产手段改进程度相适应。石桥村在闲置土地的经营权流转利用方面进行了丰富的尝试（表 10－4）。原村务活动中心的 8.3 亩土地流转到南西桥公司手中，2013 年村集体牵头带动村民入股，每股 2 000 元，总计 254 股，形成总计 50.8 万元的股本资金。这片土地由南西桥公司统一流转后对外出租，目前租户有超市、烤鸭店、捕鼠笼加工厂等，南西桥公司每年给予村集体 5.6 万元租金，并每年按照股本的 10% 对入股村民进行分红，每年分红 50 800 元，分红自 2014 年起至 2023 年，已持续十年。石桥村集体于 2012 年流转了 5 户村民共计 5.6 亩的闲置土地，进行小游园和“滇中一颗印”高端民宿建设，高端民宿目前已完成装修工作，用作教授工作站，由南西桥公司负责统一运营，每年给予村集体 5 万元租金。租用了 8 户人家土地的富民县豪贵能源加工厂与村民协商，2 年付一次土地租金，自 2008 年开始承包，租金为 800 元/（亩・年），虽然 2020 年的租金增加到 900 元/（亩・年），但与市场平均价格有较大差距。养猪场的 2 亩集体土地流转给养猪大户个人，将于 2025 年到期。烤火器厂、野生菌厂房共同于 1993 年承包约 30 亩集体土地，期限 30 年，在 2019 年续签 25 年合同，将于 2044 年到期；考虑到通货膨胀和土地增值等因素，1993 年开始每年租金 6 万，2024 年起租金每年 9 万，并且规定在合同到期后厂房归村集体所有。

表 10－4　石桥村部分土地租用用途及租金支付情况

序号	项目	流转面积或户数	租金支付方	租金接受方	租金	支付方式
1	集体土地租赁（原村务活动中心用地）	8.3 亩	南西桥公司	村集体	5.6 万元/年	现金
				入股村民	5.08 万元/年	分红

（续）

序号	项目	流转面积或户数	租金支付方	租金接受方	租金	支付方式
2	小游园和高端民宿	5.6亩	南西桥公司	流转村民 村集体	800元/亩 5万元/年	现金
3	富民县豪贵再生能源加工厂	8户	富民县豪贵再生能源加工厂	流转村民	800～900元/（亩・年）	现金
4	烤火器厂＋野生菌厂房	30亩	云南神彪科技有限公司	流转村民	6万～9万元/年	现金

由表10－4可见，石桥村充分利用了村集体及农户的闲置或低效利用耕地、林地、房屋等资源，结合已有项目类型扩大经营规模，通过流转、租赁、出让、折价入股等多元途径丰富物业经济的实现形式，提高了村民闲置低效资产的财产性收入。石桥村对于闲置土地资源经营权的综合开发利用，是自然资源价值实现的生动诠释。

五、以制度规范明确资源利用范围

一个国家的管理靠法制，一个单位的管理靠制度。完善的生态资源利用规范是实现资源开发种类管理、限定资源开发程度和原则、提高资源利用效率和价值转化率的重要保障。在美化乡村人居环境方面，石桥村制定了《石桥村卫生保洁制度》，其中对村内环境卫生、门前三包、清洁保洁和绿化美化等工作进行了细化，并对如何处罚违规行为做出了明确规定，确保石桥村环境保洁工作的扎实推进。除此之外，石桥村在各类生态资源有效利用、价值发挥方面也制定了相应的管理办法，如《石桥村森林资源开发利用管护制度》《石桥村水资源开发利用和管护制度》《石桥村土地资源管护开发利用管理办法》。前两者分别对石桥村的森林资源和水资源的保护管理与开发利用做了具体的规定和规划，对于促进资源的可持续利用、实现资源市场价值发挥，带动农村旅游、采摘、观光、住宿、休闲、康养一体化的产业发展新业态具有指导作用；后者以“康旅”为产业发展基本理念和发展方向，对村内的闲置土地进行集中规划，加强了石桥村集体对土地资源的管理开发和利用水平，强化了集体对土地的经营管理能力。

石桥村涉及不同资源如何利用、环境卫生保护如何分工的制度规范在初步制定后，还会通过村民大会再次征求群众意见，通过“一会四议两公开”的机制交予村民代表大会决议，在表决通过后实行。除此之外，为强化村干部日常工作管理，石桥村在都市驱动型乡村振兴实验小组的指导下，强化坚守“专家组—市—县—街道—村委会”互联互通、协同工作的五级联动机制，立足石桥村实际，以《石桥村村规民约》为行动约束，通过《石桥村党员联系户制度》发挥党员干部群体的先锋模范作用，带领村民积极参与到村庄环境整治、生态资源保护的行动中来。石桥村将制度建设作为生态资源价值有效、多元实现的保障，通过资源利用管护等方面的制度建设提升经验的总结提炼度，发挥都市驱动型乡村振兴实验区的示范带动作用。

案例 10－3：

制度规范行为，赏罚促成环保
——《石桥村卫生环保制度》的贯彻执行

在同村主任的一次访谈中，他提到，石桥村村内人居环境和卫生能保持得如此之好，一是有赖于通过“一会四议两公开”民主评议制度制定的《石桥村村规民约》，另一个则是《石桥村卫生环保制度》的贯彻执行。

《石桥村卫生环保制度》中对每户村民在环境整洁方面的职责和违规行为的惩罚作了规定，要求村民严格落实“门前四包”责任，严禁向河道、沟渠、塘坝、溪沟、公路两旁公共地段倾倒垃圾，违者每次罚款 10 元；门外不得堆积粪肥料、秸秆、砖土等垃圾，违反者第一次罚款 50 元，并由卫生监督员现场监督清扫干净，违反两次以上者罚款 100 元，等。永定街道驻村工作队队员提到，“对于破坏环境卫生的行为的现金罚款很大程度上遏制了一些不自觉的垃圾倾倒和环境破坏行为，对于石桥村的环境保护有很大作用”。除惩罚外，石桥村还建立了奖励机制，实行家庭环境卫生“月评比”制度，制定石桥村环境卫生评比“红黑榜”，对认真执行“门前四包”，庭院环境卫生、绿化美化好的，上“红榜”进行表扬，并给予适当金钱奖励。

村主任还提到，有了《石桥村村规民约》的约束，村民们在参与月末大扫除、日常环境保护方面的活动基本不会出现掉队情况。如果农户不参与月末大扫除，则需要在说明情况的基础上缴纳50元/次的补偿金；如果超过两次以上无理由不参与，村民大会就要通过协商的形式决定这位村民是否还具有继续参加集体经济分红的收益资格了。

有了制度的管制和约束，村民们保护人居环境、落实“门前四包”的积极性和主导性都得到了提高，赏罚分明的《石桥村卫生环保制度》从制度上规范了石桥村村民的环境保护行为，提升了村庄整体的环境治理水平。

第五节　乡村生态资源价值实现的石桥经验与挑战

一、经验总结

为建设多彩石桥，打造生态宜居的新面貌，石桥村完成了景观花台、景观大道、七彩花海等基础建设，村内绿化面积达800平方米，完成了6 300平方米的整村房屋外立面改造美化。一步一景、五彩斑斓，“绿树村边合，青山郭外斜”的诗意画卷在石桥村描绘而成。项目运行以来，石桥村庭院绿化62户，拆除危旧老房5处，共计560平方米；完成村内道路改造7 500平方米、小河河道改造建设500米；在农户污水入户管网建设工程中，共安装管网1 944米；全部农户生活污水排放并入主管网，实现污水统一处理全覆盖。除此之外，石桥村还打造了“石桥墨香”“彩绘长画”“大美石桥”等书法、绘画、摄影文化墙，在美化村容村貌的同时，充分彰显了石桥村历史悠久的文化底蕴，突出了石桥村的自然风光、人文风情和耕读文化，石桥已然成为都市居民新的乡村旅游打卡地。

美丽的村庄环境当然也离不开每一位村民的精心呵护。范秀美是石桥村的村民，同时也是石桥村的保洁员，她感慨地说："看着石桥村一天比一天美，听着游客夸赞石桥村干净，我打心里感到高兴。石桥村能有今天的变化，离不开政府的用心规划和建设，也离不开村民文明意识的提升。"范秀美早年一直在富民县城的小区里做保洁和绿化工作。2021 年 1 月，为了照顾家庭，她辞去了县城的工作，回到石桥村做保洁员。最初，能否把村里的保洁工作做好，她心里也没个底，上岗一周后，范秀美的疑虑就彻底打消了。她说："别看这是农村，村民的环境意识和文明行为，一点不比城里人差，现在的石桥村，很少会见到随地乱扔的垃圾，每天我就扫扫灰尘和枯枝落叶，更多的时间用在给景观花台浇花除草上，要让村里更美。"

除了村里的保洁员，石桥村的村民们也为村庄绿化美化出谋划策，村民们用一些不用的陶罐、木桩等废旧物品装扮绿植，家家户户种上了海棠和三角梅，庭院里、大门口、道路旁，处处鸟语花香，村里的颜色也越来越丰富。村庄面貌焕然一新，村民的素质和文化意识也越来越高，村民们纷纷表示生活在这里越来越有幸福感。

总体上讲，石桥村在都市驱动型乡村振兴创新实验的带动下，成功开展了生态资源价值实现机制的探索，得益于多元主体的共同协作。永定街道办、南营村村委、石桥村村民小组在政策指导下履行自身法定职责，充分带动乡村经济能人、村民的积极性，挖掘和开发石桥村特色生态资源，以公司经营作为生态资源价值实现的主要形式，将市场机制引入到生态资源价值转化的过程中，实现"小产品"同"大市场"的有效对接，对促进石桥村特色农旅产业的融合发展、增加村民就地就业增收机会等方面具有积极意义。具体来讲，石桥村在都市驱动型乡村振兴创新实验任务指导下的经验总结有以下几点：

第一，组织协同领导，加强核心引领。在宏观决策层面，石桥村坚守"专家组—市—县—街道—村委会"五级协作联动机制，保证了政策信息在上下级资源传递过程中的一致性。在村级执行层面，以村民大会为机制基础的"一会四议两公开"制度发挥了重要作用，草莓种植采摘基地、石桥农贸市场等利用土地资源实现价值转化的项目的提出、批准、运行、完善等全程都在村民大会的监督下实行。石桥村通过汇集多层级领导于同一决策场合的形式，形成多方利益判断的协同合作，并以村集体作为最终执行主体，加强了多领导主体协同治理下的核心引领。

第二，公司市场运作，提高村民参与。南西桥公司是石桥村生态资源开发所依赖的核心经营主体，在石桥村的实践中，所有生态产业项目都有南西桥公司的身影。南西桥公司带动村民入股生态产业，引入市场竞争机制，激发农户积极性，提高生态产业运行效率，积极争取政策倾斜和社会资本投资，将公司经营目标同村民、村集体的切身利益结合，通过分红和创造就业岗位的形式发挥公司运作的社会价值，借助优质生态产品供给、酒店服务业、会议经济、特色餐饮等经营项目提升石桥村生态资源价值实现的综合水平。

第三，发掘特色资源，搭建品牌效应。特色资源的发掘和利用是未来石桥村破除资源诅咒、区别于周边的同质性产业发展模式、维持自身核心竞争力的必经之路。石桥村拥有丰富的温泉地热资源，目前借助这一资源，石桥村已经形成了以温泉康养为核心的酒店服务经济。南西桥公司温泉酒店这一品牌也逐渐打响。

第四，完善制度建设，提升规范意识。用制度来管人是实现有效治理的最佳方式。石桥村在《石桥村村规民约》和《石桥村党员联系户制度》等规范性文本的指导下，对不同生态资源的利用规范和违规行为惩罚约束做出了全面的制度探索，制定了《石桥村森林资源开发利用管护制度》《石桥村卫生保洁制度》等工作细则，从制度层面限制了生态资源价值实现过程中有限理性行为出现的可能，防患于未然。

二、面临挑战

需要承认的是，当前石桥村在生态资源价值实现方面仍存在问题和挑战，部分机制内容仍有待探索。例如生态资源的整合利用过程中常常需要综合考虑多方利益诉求，实现多元主体利益的平衡，对此可通过建立一个专门的负责生态资源利用审批、过程评估、结果评价的独立组织实现，而石桥村在组织创新建设方面的实践略有不足。此外，开发利用优质的生态资源需要长期、持续的资金投入，对资金持续供给的较高要求为集体经济的盈利能力提出了重大挑战。最后，在“美丽乡村”“生态涵养”等推进乡村生态文明建设的宏观战略背景下，如何在满足生态资源价值实现、提高生态资源经济转化效率的同时，不与环境保护政策所倡导的理念和行为背道而驰，同样是一项值得探究的议题。

结语：石桥村的未来

自 2019 年以来，在各级领导的亲切关怀和全体村民的共同努力之下，石桥村都市驱动型乡村振兴创新实验各项工作取得了重要进展。目前，石桥村已经初步形成了乡村内生动力、都市驱动力、城乡互动力“三力融合”的乡村振兴机制，石桥村发展未来可期。

在资金使用方面，实验团队基于实验目标将石桥村的涉农项目资金和信贷资金进行有效整合统筹，保障了实验高效推进。截至 2022 年 7 月，石桥村分年度实施各种类型项目，已整合项目资金（国有公司入股、“整村授信”贷款、土地承包经营权抵押贷款、疫情复工信贷、“人居环境整治”资金、旅游厕所资金、群众体育资金、水利设施建设资金、马拉河谷三旅融合资金）约 1 996 万元，对村庄进行了整体性建设。村内实现了污水处理全覆盖，改造房屋外立面 6 300 平方米，建立起照片墙 2 面、景观花台 1 座，不仅改善了村庄环境，提升了基础设施水平，更重要的是增进了村民内源式发展的动力和能力。

在业态发展方面，石桥村在实验团队的帮助下，在原有的康养休闲旅游产业业态基础上，形成了以村庄为基础的传统民居、民宿、民俗农家乐等产业新业态以及开发了盐矿地热温泉，拓展了产业的业态布局。目前，南西桥公司日可接待游客 1 000 余人，日营业额最高达到 15 万元，年接待游客达到 10 万人次。2020 年，在疫情影响的特殊情况下，南西桥公司营业额仍达 530 万元，创造了 120 万元的收益。2022 年南西桥营业额达到 725 万元，利润达到 245 万元，经营状况愈发可期。

在利益留村方面，石桥村通过村集体入股南西桥公司、农房改造为民宿等途径，形成了村集体、村民与经营企业之间的利益联结机制，实现了促进村民致富和村集体壮大的双重效果。截至 2022 年，南西桥公司不仅直接为 60 位村民就近就业提供了岗位，就业村民每人年均工资 3.6 万元，每年工资收入共计 216 万元，按照规定，还将每年给石桥村集体分红 6 万元，连续分配 20 年，村集体收取的收益，由石桥村民小组和南营村委会按照 7∶3 的比例进行分配。同时，小游园精品四合院、农户民宿的运营也将为村集体带来每年至少 10 万元的收益。

在乡村治理方面，在政府引导和村民自治的协力下，实验动员村民参与乡村治理的机制初步形成。实验团队专门在村内组建了 12 名成员的项目组和 5 名成员的财务组，召开村民大会 18 次以上，充分动员全村村民参与，提升了村民自治能力，形成了乡村能人带动集聚起产业发展的人才团队。同时，自 2020 年永定街道党工委推出“3＋8”工作机制以来，石桥村村民大会共通过 9 项乡村善治制度，对村规民约进行第四次修订，内容涉及党建管理、住房管理、环境卫生等多个方面，保障石桥村长治久安的制度规范和善治机制雏形初现。

在人才振兴方面，石桥村通过乡村能人带动形成的本土人才和外来人才集聚的效应，解决了乡村产业发展的人才瓶颈。以徐建昌、徐正云等人为代表的乡村能人在石桥村产业发展和乡村治理中形成一股重要驱动力量，不仅直接为石桥村发展作出卓越贡献，还形成了人才的集聚和扩散效应。在先锋模范的表率和示范作用之下，以张素芳为代表的新一代“乡村CEO”也逐渐成长起来，为南西桥公司和石桥村的专业化运营、可持续发展提供有力支撑。

在资源盘活方面，实验团队盘活闲置集体用地和农房，为产业发展提供了更多的建设空间。为了将产业布局扩展和嵌入到村庄内部，石桥村创新实验积极盘活村内闲置的集体用地，将富民县城白依庵街的一座传统四合院“滇中一颗印”易地搬迁至村内，将其命名为九峰书院。同时，实验还盘清了村内宅基地权属情况，确定对 2 户农户进行民宿样板户改造，统一规划，统一装修，统一要求，盘活为新业态。目前，四合院和农户民宿都已经投入运营，真正唤醒了沉睡资产，壮大了集体经济。

石桥村都市驱动型乡村振兴创新实验区得到了云南省等各级领导高度

关注，对实验区工作给予了高度肯定，并给予了相关的指导。2020 年 8 月 10 日，时任云南省委副书记王予波一行到石桥村实地考察，对都市驱动型乡村振兴创新实验工作给予高度肯定，并对石桥村创新实验工作提出了指导意见。2021 年 6 月 19 日，云南省审计厅党组书记、厅长谢健一行到石桥村调研乡村振兴工作。2021 年 10 月，省人大常委会副主任纳杰、省人大常委会副秘书长蒙冬梅、省人大农业与农村委员会副主任委员穆永新等一行到石桥村调研指导乡村振兴战略实施工作。2021 年 8 月，昆明市人大常委会主任杨正晓一行到石桥村都市驱动型乡村振兴创新实验区调研指导工作。2021 年 9 月，昆明市乡村振兴局局长周开龙一行到石桥村开展调研指导工作并召开座谈会。

石桥村的创新实验工作也得到了政府部门和新闻媒体等组织的广泛关注。2020 年 12 月，昆明市都市时报、摄影协会、书法家协会、美术协会的各位负责人前来石桥村调研交流，一同为石桥实验区宣传、文化营造、新闻报道等工作出谋划策、协作共建。2021 年 7 月，云南省农村干部培训学院培训班到石桥村实地观摩学习。2021 年 10 月，省委组织部赴石桥村调研抓党建促乡村振兴。2021 年 12 月，西藏那曲比如县委组织部、云南省农业农村厅基层农技人员培训班、云南省干部培训中心等 200 余名学员到富民县永定街道南营村委会石桥村民小组开展对都市驱动型乡村振兴实验区项目的参观学习。2022 年 5 月，全市发展壮大村级集体经济示范培训班赴石桥村调研学习。2022 年 5 月，云南农业大学赴石桥村开展现场教学。2022 年 6 月，云南农村干部培训基地乡镇党委书记培训示范班到石桥村开展现场教学。新华网、凤凰网、澎湃新闻、东方城乡报、云南日报、云南网、云南电视台、昆明日报、昆明广播电视台等国家级、省级、市级媒体都对石桥村都市驱动型实验区项目进行了深入专题报道。

目前，石桥村项目进展顺利，各项工作任务稳步推进，已经完成了特色四合院民宿主体建设，完成了村内环境卫生整治、美化绿化、七彩花海景观、照片墙安装等建设内容，组织领导机制和村民自治机制逐步建立完善，后续建设有序推进。2021 年 4 月 26 日，云南省文化和旅游厅发布公示，石桥村正式被评为云南省省级旅游名村。2022 年，石桥村集体经济收入达到 23 万元，“康旅石桥”战略定位再上一层。未来，石桥村将按照有关规划，将南西桥公司和石桥村庄进行连片打造，成为集餐饮酒店、民宿服务、会务服务、温泉游泳、户外拓展、林果采摘、乡村景观等于一体的乡村生态康养旅游基地，激发村集体、村民和外部资本对产业的推动力，同时进一步完善康养休闲旅游产业的留村哺农机制，保障村集体和村民能够更多从企业发展中获益，以及不断加强培育和吸引村庄内、外部人才，为推动企业发展和产业兴旺提供持续发展动力。

石桥村在创新实验工作的支持下已经具有了较好的产业发展基础。对于石桥村接下来的发展，着重需要构建起“治理能人＋经营性能人”双主体驱动的乡村振兴机制。通过治理能人的带动，将村庄的资源不断地转化为产业发展的资本；通过经营性能人的管理，将产业发展的资本变现为村集体壮大和村民致富的收入来源。石桥村将最终成为都市驱动型乡村振兴示范引领的先行村。